Natur erleben

Fledermäuse – Leben, Gefährdung, Schutz

Natur erleben

Armin Maywald
Bärbel Pott

Fledermäuse

Leben, Gefährdung, Schutz

Otto Maier Ravensburg

Die Autoren:
Armin Maywald, geboren 1953, Diplombiologe, Journalist und
Fotograf; schreibt u. a. für GEO, stern, Chancen; Koautor von
Entgiften (1985), *Die Gesundheit der Nation* (1986), *Mit Haut
und Haaren* (1987); Mitarbeit bei mehreren Naturschutzorganisationen.
Bärbel Pott, geboren 1954, Diplombiologin; zwei Jahre Wissen-
schaftliche Mitarbeiterin am Lehrgebiet Zoologie / Entomologie
der Universität Hannover; für das Niedersächsische Landesverwaltungsamt im Fledermausschutz tätig; diverse Veröffent-
lichungen zum Fledermausschutz; Mitarbeit bei mehreren
Naturschutzorganisationen.

CIP-Titelaufnahme der Deutschen Bibliothek

Maywald, Armin:
Fledermäuse: Leben, Gefährdung, Schutz / Armin Maywald;
Bärbel Pott. – Ravensburg: Maier, 1988
   (Natur erleben)
   ISBN 3-473-46098-2
NE: Pott, Bärbel:

© 1988 Ravensburger Buchverlag Otto Maier GmbH
Alle Rechte vorbehalten
Umschlaggestaltung: Ekkehard Drechsel
Umschlagfoto: Armin Maywald
Zeichnungen: Fred Butzke (Bild-Kunst Nr. 307378)
und Erhard Poßin
Satz: Fotosatz Ruderer, Grünkraut
Gesamtherstellung: Himmer, Augsburg
Printed in Germany

92 91 90 89 88   5 4 3 2 1

ISBN 3-473-46098-2

Inhalt

Vorwort

Fachleute sagen, Fledermäuse seien die gefährdetsten Säugetiere. Doch läßt uns der Vergleich seltsam unberührt. Fledermäuse sterben an Giften und Nahrungsmangel, lesen wir in diesem Buch, sie verschwinden, weil ihre Quartiere und Lebensräume zerstört werden. Unser Verstand ist gefüttert, doch sind wir nicht betroffen. Es hilft nicht, wenn wir den Schwarzen Peter bei anderen wähnen. Wir alle ernten die Früchte einer Zeit, in der Natur kaum eine Rolle spielte. Heute quält es uns, wenn Tiere und Pflanzen unter unseren Augen wegsterben. Vielen flößt das Furcht ein. Doch wer fürchtet, kann sich über die Ursachen kundig machen.

Dieses Buch möchte Kenntnisse über unsere heimischen Fledermäuse vermitteln, Gefahren erörtern, denen sie ausgesetzt sind, und jedem zeigen, wie er ihnen helfen kann. Wer sich mit unseren Nachtjägern beschäftigt, wird erleben, welche Faszination von ihnen ausgeht. Ganz nebenbei lernt er sie als Mitgeschöpfe schätzen, die nur in einer giftfreien und vielfältigen Umwelt überleben – wie auch wir.

Armin Maywald
Bärbel Pott

Fliegendes Mausohr: Mit dem
Teufel im Bunde?

Fledermäuse:
Gefürchtet und verehrt

Die alten Römer nagelten sie an ihre Stalltüren, um sich so vor Hexen und Krankheiten zu schützen. Ihr lautloses Erscheinen galt in der Antike als Vorzeichen drohenden Unheils oder kündete einen Sturm an. Fledermäuse oder „Handflügler", was ihr wissenschaftlicher Name Chiroptera eigentlich bedeutet, waren seit alters von Vorurteilen umrankt und wurden mit mystischen, heutzutage eher skurril wirkenden Vorstellungen in Verbindung gebracht. Fledermäuse sind Säugetiere. Mit weltweit rund tausend Arten stellen sie in dieser Tierklasse die zweitgrößte Ordnung nach den Nagetieren.

Ihre Lebensweise jedoch, ihr manchmal bizarres Aussehen und ihre Fähigkeit, auch in tiefer Dunkelheit schnell und sicher zu fliegen, hat die Phantasie vieler Völker beflügelt und an Urängste vor Finsternis, Nacht und Tod gerührt. Für den tagaktiven Augenmenschen war es über Jahrtausende unfaßbar und unheimlich, wie sich die Zwitterwesen, halb Maus halb Vogel, lautlos in dunkler Nacht fortzubewegen vermochten. Was lag näher, als den Fledermäusen magische Kräfte zuzuschreiben oder sie im Bunde mit den Mächten der Finsternis zu wähnen. Der Teufel und seine Kumpane sind wohl nicht zuletzt deshalb auf zahlreichen mittelalterlichen Kirchengemälden mit Fledermausflügeln dargestellt worden, während Engel immer Vogelschwingen erhalten haben. Schon im alten Rom schrieb Divus Basilius kurz und bündig, die Natur der Fledermaus sei mit der des Teufels blutsverwandt. In Finnland soll noch der Glaube verbreitet sein, die Seele verlasse als Fledermaus den Körper des Schlafenden und kehre erst am frühen Morgen wieder zurück. Den Südslawen galten die Fledermäuse als Pestboten, die über den Häuptern der vom Tode gezeichneten Menschen flogen. Und auch heute noch wird in Bosnien und der Herzegowina ihre angeblich aphrodisische Wirkung geschätzt: Um die Angebetete gefügig zu machen, soll es nämlich helfen, ihr heimlich Fledermaushaare in Getränke zu mischen oder sie unbemerkt mit einem Fledermausknöchelchen zu berühren...

Fossile Fledermäuse

Die ältesten fossilen Fledermäuse stammen aus dem Eozän und sind rund 50 Millionen Jahre alt. Von neuzeitlichen Fledermäusen unterscheiden sich die versteinerten Flattermänner allerdings kaum. Fledermäuse stammen vermutlich von kleinen, nachtaktiven Säugern ab, die im Sprung ihrer Beute nachstellten. Manche Arten konnten vermutlich etwas gleiten. Eine Entwicklungsstufe zwischen flugunfähigem Insektenfresser und Fledermaus ist bisher nicht gefunden worden. Schon in Urzeiten ernährten sich Fledermäuse von Insekten, wie Untersuchungen des Mageninhaltes fossiler Fledermäuse ergeben haben.

Wer dagegen keine Angst vor den „Nachtgeistern" hatte, begann rücksichtslos ihre angeblich übersinnlichen Fähigkeiten zu nutzen. Die Mediziner der Kopten im alten Ägypten schätzten die vermeintlich überdurchschnittliche Sehfähigkeit der Nachtjäger. Folglich glaubten sie, Fledermausurin könne, wenn man ihn gut mit der Galle des Nilkarpfens und dem Saft der Wilden Raute mische, Sehstörungen heilen. Auch der Naturforscher Albertus Magnus wähnte sich sicher, als er im 13. Jahrhundert schrieb: „Wenn Sie etwas in tiefer Nacht sehen möchten und nichts mehr als am Tage vor Ihnen verborgen bleiben soll; wenn Sie in dunkler Nacht Bücher lesen möchten, dann salben Sie Ihr Gesicht mit dem Blut einer Fledermaus, und alles wird sich so ereignen, wie ich es gesagt habe." Kaum zu glauben: In New York mußten die Behörden noch in den sechziger Jahren einschreiten, um den Verkauf von Fledermausblut zu verbieten.

Kaum ein Gebrechen findet man in alten Schriften, gegen das nicht Fledermäuse, in irgendeiner Form verarbeitet, helfen sollten. Um Krankheiten vorzubeugen, trug man Amulette aus getrockneten Fledermausherzen. Ein arabischer Arzt empfahl in seinen Schriften in Sesamöl gekochte Fledermäuse gegen Ischias, gegen Asthma hingegen lieber in Jasminöl zubereitete. In Indien werden auch heute noch lebende Flughunde auf Märkten verkauft. Nicht zum Verzehr, wie es in einigen südostasiatischen Ländern üblich ist, sondern damit die frisch abgezogene Haut, auf kranke Körperteile gelegt, von Hexenschuß und Rheuma befreien möge. In der Religion vieler alter mittelamerikanischer Kulturen, vor allem bei den Mayas, haben Fledermäuse eine wichtige Rolle gespielt. Sie wurden verehrt, und einer ihrer Gottheiten, ein Mensch mit Fledermauskopf und ausgebreiteten Flügeln, brachte man Opfer dar. Noch heute trägt ein Teil der Cakchiquel-Mayas im Hochland Guatemalas den Namen „Zotzil"

Braunes Langohr: Ein Zwitter – halb Maus, halb Vogel – hieß es lange

(„den Fledermäusen gehörig"). Ihr Gott ist die Fledermaus und ihre Hauptstadt „Zinacantlan" („Platz der Fledermäuse"). Die Zapoteken im mexikanischen Staat Oaxaca verehrten die Fledermaus als Todesgott und gestalteten Totenurnen und Grabreliefs mit fledermausähnlichen Abbildungen. In der Unterwelt herrschte „Camazotz", die Todesfledermaus. Die Hieroglyphe für Fledermaus, ein Fledermauskopf, ist auf zahlreichen Mayagefäßen und in Handschriften verewigt.

Da Fledermäuse mit den Händen fliegen, hat man sie für Vögel gehalten. Seit drei Jahrtausenden immerhin ermahnt das 3. Buch Mose im Kapitel 11 alle Juden und Christen: „Und dies sollt Ihr scheuen unter den Vögeln, daß Ihr's nicht esset: den Adler, den Habicht, den Fischaar, …, den Schwan, den Uhu und die Fledermaus." Der Vogel Fledermaus gilt seither als „unrein", sein Genuß ist verboten.

Der berühmte Züricher Naturforscher Konrad Gesner wußte es in seinem Buch „Historia Animalum" aus dem Jahre 1581 kaum besser zu beschreiben. Seiner Meinung nach ist die „Fledermaus ein Mittelthier zwischem dem Vogel un der Mauß, also, daß man sie billich ein fliegende Mauß nennen mag, wiewohl sie weder under die Vögel noch under die

Fledermäuse: Gefürchtet und verehrt

Mäuß kan gezehlet werden, dieweil sie beyder Gestalt an ir hat".

Tatsächlich kann man beim flüchtigen Betrachten von Ohr-form, Fellfarbe und Körpergröße eine gewisse Ähnlichkeit zwischen Mäusen und Fledermäusen nicht leugnen. Diese Fehleinschätzung spiegelt sich heute noch in manchen Namen wieder: „Großes Mausohr" hierzulande, „nackte Maus" (Chauve-souris) im Französischen und „fliegende Rat-ten" (Ratones voladores) in Mexiko.

Naturforscher Gesner berichtet in seiner Schrift auch, daß die Fledermaus in der Räucherkammer über Speck herfällt und Schweineseiten durchnagt – und gab ihr prompt den Namen „Speckmaus". Vermutlich haben die Fledermäuse damals schon die Nähe des Menschen nicht gescheut und sich in die Abzugskamine von Räucherkammern gehängt. Dem vermeintlichen Vorratsschädling rückte man tatkräftig zu Leibe, ohne den wahren Übeltäter, die Hausmaus, zu erkennen.

Bis in die heutige Zeit hat sich der Glaube gerettet, die „teuf-lischen Viecher" würden mit Vorliebe in Frauenhaare fliegen, aus denen sie, einmal hineingeraten, nur noch mit der Schere herausgeschnitten werden können. Oder sie gelten noch als Blutsverwandte des transsylvanischen Kinderschrecks Dra-cula. Derlei Falschurteile machen den Tieren heute noch das Leben schwer.

Nicht in allen Kulturkreisen begegnete man den Fledertieren mit irrationalen Ängsten und Aberglauben. Auf Bali werden die in den Tempelgrotten lebenden Flughunde heute verehrt und streng geschützt. Im alten China waren Fledermäuse hoch angesehen. Sie zieren als Glücksbringer Jade- und Elfen-beinschnitzereien; alte chinesische Roben sind mit Fleder-mausmedaillons bestickt. Das chinesische Wort „fu" bedeu-tet Glück und Fledermaus zugleich.

In unserer aufgeklärten Zeit sind es nicht mehr so sehr irra-tionale Ängste und Vorurteile, die den harmlosen Nachtgei-stern das Leben schwermachen. Fledermäuse werden zuse-hends zu Opfern einer radikal veränderten und belasteten Umwelt. Galt vormals ihr lautloses Erscheinen als Unglücks-botschaft, so ist es heute eher umgekehrt: Ihr langsames, ebenso lautloses Aussterben muß als Zeichen drohenden Unheils verstanden werden. In Anlehnung an die chinesi-schen Weisen ist es heutzutage ein besonderes Glück, wenn wir noch ab und zu mal eine Fledermaus zu Gesicht bekom-men.

Biologie der Fledermäuse

Sie fliegen mit den Händen

Bechsteinfledermäuse können auch im Flug trinken, wenn sie über Teichen jagen.

Fledermäuse sind Säugetiere und verfügen auch über alle charakteristischen Merkmale dieser Tierklasse: Haare, die den ganzen Körper bedecken; Milchdrüsen, die so lange Milch für die Neugeborenen produzieren, bis diese selbständig nach Beute jagen; drei Gehörknöchelchen im Mittelohr; Milchzähne und die Fähigkeit, ihre Körpertemperatur konstant zu halten (s. Seite 23).

Das charakteristische Merkmal aller Fledermäuse, das sie von anderen Säugetieren deutlich unterscheidet, sind zweifellos die zu einem perfekten Flugorgan umgebildeten Arme und Hände. So einzigartig dieses Merkmal ist: Wenn wir uns das Fledermaus-Skelett genauer betrachten, merken wir, daß die Natur ihre Arm- und Handknochen lange nicht so grundle-

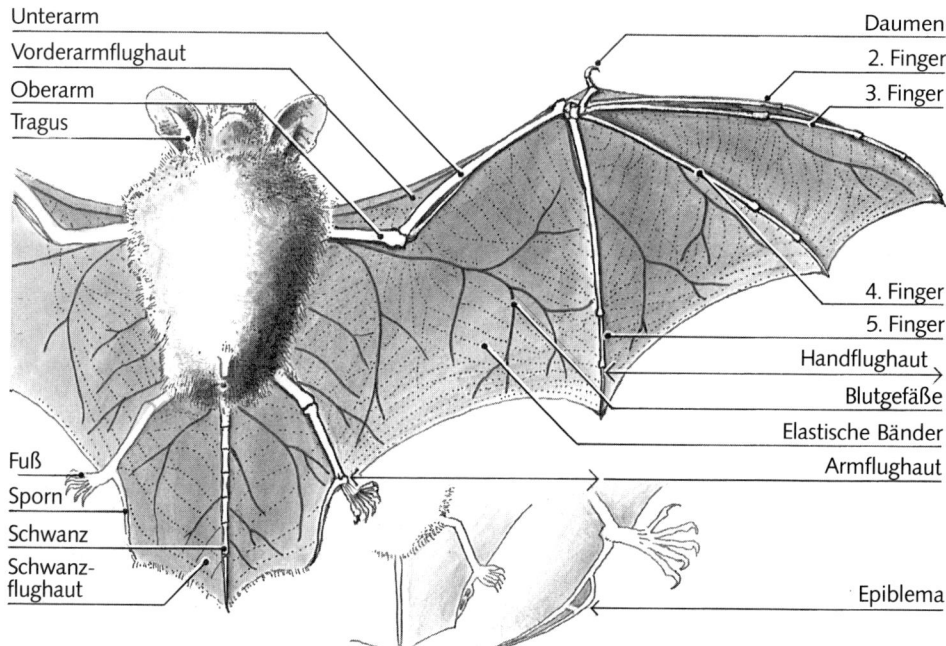

Unterarm
Vorderarmflughaut
Oberarm
Tragus

Daumen
2. Finger
3. Finger

4. Finger
5. Finger
Handflughaut
Blutgefäße
Elastische Bänder
Armflughaut

Fuß
Sporn
Schwanz
Schwanz-
flughaut

Epiblema

gend umgeformt hat, wie das Vorderbein der Wale, Elefanten oder Pferde. Tatsächlich sind die Skelettknochen des Fledermausflügels direkt mit denen des Menschen zu vergleichen. Der kräftige Unterarmknochen, die Speiche, ist etwas verlängert, die zierliche Elle dagegen stark zurückgebildet. Alle Mittelhandknochen sind erheblich länger, die des Daumens ausgenommen. Der zweite Finger mit nur 1 Glied sowie der dritte mit 3 Gliedern stehen eng zusammen und bilden gemeinsam die Vorderkante des Flügels. Vierter und fünfter Finger bestehen aus je 2 Gliedern. Lediglich der Daumen ist kurz und hat als einziger Finger eine scharfe Kralle. Mit ihrer Hilfe können Fledermäuse sehr gut klettern und hangeln.

Die zarte, bei vielen Arten durchscheinende Flughaut setzt längs der Körperseiten an und ist zwischen den Fingern und den Hinterfüßen bis hin zum Schwanz aufgespannt. Sie ist eine Membran aus Bindegewebe und elastischen Fasern, in die Nerven, Muskeln und Blutgefäße eingeschlossen sind. Auf beiden Seiten wird sie von einer dünnen Epidermis, der Oberhaut, überzogen. Ist der Flügel entspannt, ziehen die elastischen Fasern die Flughaut zusammen, wodurch ihre

Die Körpermerkmale einer Fledermaus

Mausohren sind geschickte und
wendige Flugkünstler.

Oberfläche stark verkleinert wird. Die eingestreuten Muskel-
bündel straffen die Haut im Flug, damit sie nicht flattert. Mit
Venenherzen, die eigenständig rhythmisch pulsieren, ist
sichergestellt, daß auch die entlegenen Flughautränder
gleichmäßig durchblutet werden.

Die Flügel dienen Fledermäusen nicht nur zum Fliegen,
gleichzeitig führen sie mit ihnen überschüssige Körperwärme
ab. Da Fledermäuse nicht schwitzen, nimmt ihre Körpertemperatur durch die im Flug erzeugte Wärme stark zu. Die Tiere
behelfen sich, indem sie die Blutgefäße erweitern und so die
Blutmenge erhöhen, die durch die Flügel strömt. Wie beim
Elefanten, der bei starker Hitze unablässig mit den Ohren
wedelt, kühlt bei unseren Nachtjägern der ständige Luft-
strom das vermehrt durch den Flügel strömende Blut und
verhindert so, daß die schnellen Flieger sich überhitzen.

Langanhaltende Flüge sind für alle flugfähigen Tiere (Segel-
flieger einmal ausgenommen) sehr energieaufwendig. Besonders die kräftige Flugmuskulatur muß ausreichend mit
Sauerstoff versorgt werden. Fledermäuse haben deshalb ein
stark vergrößertes Herz, um die Muskeln beim Flug mit mehr
Blut beliefern zu können. Aber auch der Herzmuskel selbst ist

Sie fliegen mit den Händen

Das Braune Langohr hat relativ breite Flügel, Kennzeichen eines langsamen Fliegers. Es kann dafür im Rüttelflug Beute von Ästen und Zweigen ablesen.

stärker als bei gleich großen Säugetieren mit Blutgefäßen durchzogen, damit er genügend Sauerstoff erhält, wenn er sich im Flug ungleich schneller zusammenziehen muß. Außerdem kann Fledermausblut wesentlich mehr Sauerstoff transportieren als das Blut anderer Säuger.

Flugarbeit erzeugt nicht nur Wärme, sondern auch „Abfall" in Form von Kohlendioxid, das dauernd beim Verbrennen von Nährstoffen anfällt. Im Normalfall wird das Gas bei allen Säugetieren über die Lungen abgeatmet, so auch bei Fledermäusen. Allerdings können sie einen Teil (gemessen wurden rund 10 %) über ihre dünnen Flughäute entsorgen.

Der Fledermausflügel ist also mehr als eine aufgespannte Flugmembran. Im Gegensatz zum Vogelflügel besteht er aus lebendem Gewebe, das kleine Verletzungen erstaunlich schnell regenerieren kann. Einige Fledermausarten setzen ihre Flughäute auch zum Beutefang ein. Sie können Insekten wie mit einem Tennisschläger zum Kopf hin schlagen und dann geschickt mit dem Maul greifen. Oder sie fangen ihre Beute mit der kescherartig gewölbten Schwanzflughaut, um darin ihre Opfer unter geradezu akrobatischen Verrenkungen zu packen.

Wenn Fledermäuse ruhen, falten sie ihre Flughäute eng zusammen. Dabei drücken sie die langen Finger unter den Unterarm, um die Häute auf diese Weise zu schützen. Sie sind in dieser Haltung aber beileibe nicht hilflos. Alle einheimischen Glattnasen können, aufgestützt auf Handgelenk, Daumen und ihre nach hinten zeigenden Hinterfüße, sehr gut seit- und rückwärts krabbeln, behende laufen oder sogar springen. Das Mausohr (s. Seite 87 ff.) erbeutet Käfer rasch und geschickt im Laufen. Alle Fledermäuse können klettern, mit dem Kopf voran oder aber rückwärts mit Hilfe der Hinterfüße.

Die Hinterbeine der Fledermäuse haben mehrere Aufgaben. Die großen Krallen der Zehen ermöglichen es ihnen, sich aufzuhängen. Eine eigenartige Umbildung unterscheidet Fledermaushinterfüße von denen anderer Säugetiere. Der Oberschenkelknochen ist um 180° in seinem Gelenk verdreht, wodurch das Knie nicht nach vorne, sondern zur Rückseite zeigt. Dieser Dreh ermöglicht den Tieren zum einen, sich kopfüber mit dem Bauch zur Wand aufzuhängen. Aber auch Hand- und Schwanzflughaut können so besser gestrafft und beim Flug optimal koordiniert werden. Zusätzlich wird die Schwanzflughaut durch einen am Fußgelenk ansetzenden

Glattnasenfledermäuse wie diese Breitflügelfledermaus können, auf auf ihren Handgelenken aufgestützt, geschickt laufen und klettern. Der vorstehende Daumen dient dabei als „Steighilfe".

knöchernen Sporn gespannt, der bei einigen Arten noch durch das sogenannte Epiblema, ein steifer Hautlappen, verstärkt wird. Durch einen besonderen Sperrmechanismus ist es Fledermäusen möglich, sich ohne Energieverbrauch aufzuhängen, also ohne die Muskeln anzuspannen (s. Abb. Seite 18). Auch verendete Tiere fallen nicht herab, sondern bleiben hängen.

Stärker als bei anderen Tieren variiert der Kopf der Fledermäuse in Gestalt und Aussehen. Die Ohren sind zwischen 9 und 40 mm lang. Hufeisennasen tragen eigentümlich geformte Nasenaufsätze, die den Glattnasen fehlen. Diese haben dafür in der Ohrmuschel einen von Art zu Art unterschiedlich ausgeformten Ohrdeckel (Tragus), der den Hufeisennasen fehlt. Die Augen sind meist klein, die ausgeprägte Schnauze und der bei einigen Arten aufgewölbte Hinterkopf kennzeichnen den „Insektenfresser". Bei Fledermäusen, die große Beutetiere bevorzugen, wie Abendsegler und Breitflügelfledermaus, ist die Schnauze etwas kürzer, der Kopf breit und mit starken Nackenmuskeln bepackt. Um die harten Chitinpanzer ihrer Opfer zerkleinern zu können, sind kräftige Kiefer und ausgeprägte Kaumuskeln wichtig. Bei kleineren Fledermäusen dagegen, die zarteren Kerbtieren nachstellen, wirkt die Schnauze etwas länger und flach, die Muskeln sind schwächer.

Die Anzahl der Zähne variiert je nach Fledermausgattung zwischen 32 und 38. Mit den mächtigen Eckzähnen wird die Beute gegriffen; die mehrhöckerigen Backenzähne dienen zum Zerkleinern.

Unterschiede zwischen den Geschlechtern sind mit bloßem

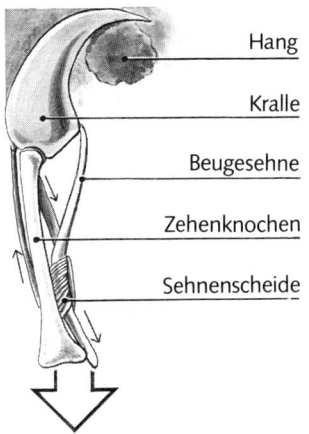

Hang
Kralle
Beugesehne
Zehenknochen
Sehnenscheide

Eine mechanische Sperre sorgt dafür, daß Fledermäuse auch im Winterschlaf nicht herunterfallen. Das Gewicht der Fledermaus drückt die Bugsehne gegen die Sehnenscheide, Reibung verhindert, daß die Bugsehne zurückgleitet – so bleibt die Kralle fest verankert, ohne daß der Schläfer seine Fußmuskeln anspannen muß.

Der Nasenaufsatz einer Hufeisennase von rechts, von vorne, von links

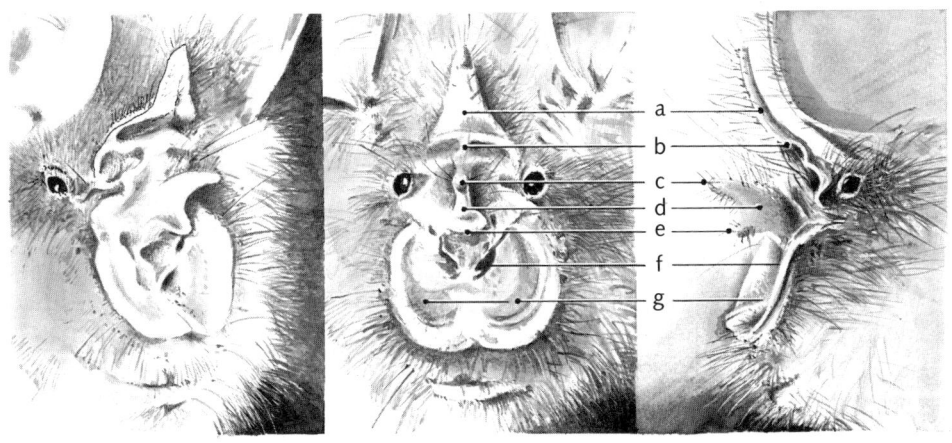

a
b
c
d
e
f
g

Auge kaum zu erkennen, in der Fellfarbe gibt es keine. In der Regel sind die Weibchen etwas größer als die Männchen. Bei säugenden Weibchen fallen die Brustdrüsen auf, die nahe der Achselhöhle hervortreten. Lediglich die Zweifarbfledermaus hat 2 Paar davon. Die Hufeisennasen besitzen zusätzlich noch 1 Paar Haftzitzen am Unterleib, die allerdings keine Milch abgeben. An ihnen saugen sich die Jungen gleich nach der Geburt fest.

Mit Echolot und Ultraschall

Schnell und gewandt durchkreuzen Fledermäuse den nächtlichen Luftraum. Nicht nur, daß sie nirgendwo anecken – mit unglaublicher Präzision erbeuten sie zielstrebig ein Insekt nach dem anderen. Diese fast allen Fledermäusen eigene Fähigkeit scheint ans Übernatürliche zu grenzen, doch geht es dabei durchaus mit rechten Dingen zu.

Heute wissen wir, daß Fledermäuse mit ihrem Kehlkopf Ultraschallaute erzeugen, diese durch Nase oder Mund aussenden und gleichzeitig das Echo daraufhin analysieren können, ob es sich um Beute handelt – oder etwa um ein Stück Holz.

Die ersten Forscher, die intensiv versuchten, die erstaunlichen Fähigkeiten der Fledermäuse zu deuten, waren der Italiener Lazzaro Spallanzani und der Genfer Arzt Ludwig Jurine. Spallanzani entdeckte, daß geblendete Fledermäuse sich noch perfekt orientieren und Hindernisse umfliegen können. Als Jurine geblendeten Tieren zusätzlich die Ohren verstopfte, reagierten sie hilflos. Eine Erklärung für die beobachteten Phänomene konnten beide nicht geben.

Erst der britische Physiologe Hartridge kam mehr als 100 Jahre später auf die Idee, daß Fledermäuse Ultraschall aussenden könnten und sich an dessen Echo orientieren. Der experimentelle Nachweis dieser Annahme gelang 1938 zuerst dem Amerikaner Donald R. Griffin. Er setzte ein Gerät ein, das den Ultraschall der Fledermäuse in den menschlichen Hörbereich herunterregelt – und war damit der erste Mensch, der die Nachtjäger schreien hörte.

Fledermäuse sind mit Hilfe ihres Echolotes in der Lage, sich ein „Hörbild" ihrer Umgebung zu verschaffen und dieses im Gedächtnis zu speichern, ähnlich wie wir Menschen uns „Sehbilder" merken können.

Wer eine Glattnasen-Fledermaus kurz vor dem Abflug beobachtet, sieht sie hektisch ihren Kopf mit geöffnetem Maul in alle Richtungen wenden. Sie tastet gewissermaßen ihre Um-

Seite 18:
a = Lanzette
b = Querfalte unter der Lanzette
c = Oberer Sattelfortsatz
d = Sattel
e = Unterer Sattelfortsatz
f = Hufeisen
g = Nasenloch

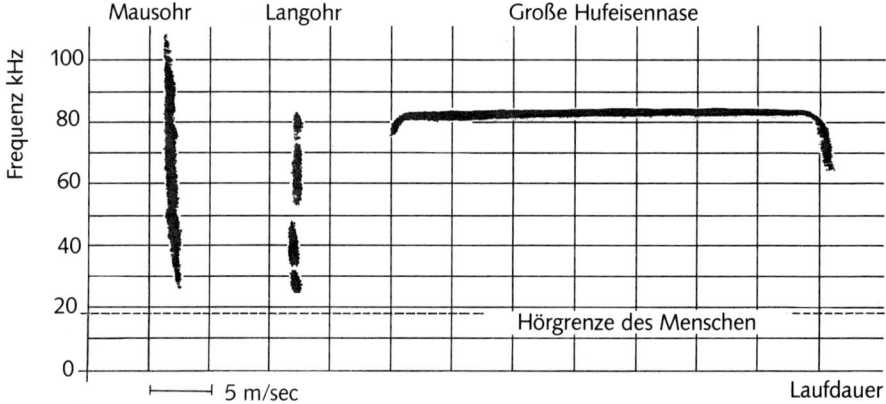

Frequenz kHz

Mausohr   Langohr   Große Hufeisennase

Hörgrenze des Menschen

5 m/sec   Laufdauer

gebung mit Ultraschall ab, nimmt das Echo mit den nach vorn gerichteten Ohren auf und speichert die Informationen in ihrem räumlichen Gedächtnis.

Offensichtlich benötigen Fledermäuse lediglich Informationen über ihren aktuellen „Standort". Teile ihres Lebensraumes haben sie in Gestalt und Form fest gespeichert. Eine Fledermaus, die allabendlich um einen Baum herum nach Insekten jagt, wird noch tagelang denselben weiten Kreis fliegen – auch wenn der Baum längst gefällt ist. Dies Beispiel verdeutlicht, daß Fledermäuse festgespeicherte Routen abfliegen. Hindernisse werden dann nicht mehr extra geortet, sie weichen ihnen im Blindflug aus.

Die Orientierungslaute, die unsere heimischen Fledermäuse aussenden, liegen von Art zu Art verschieden zwischen 20 und 110 kHz. Viele Fledermäuse ändern ihre Sendefrequenz und auch die Impulsfolge ständig. Orientieren sie sich im Raum, genügen ihnen 2 bis 3 Laute in der Sekunde. Wird ein Beutetier entdeckt, nimmt die Zahl der Impulse sprunghaft zu. Die Laute sind extrem kurz, damit sich Sendung und Empfang des Signals nicht überlagern. In den Pausen zwischen den einzelnen Ortungslauten hören die Glattnasen ihr Echo und können anhand der zeitlichen Differenz zwischen Aussenden und Eintreffen des Signals die Entfernung ihrer Beute messen. Aus dem geringen Zeitunterschied, den das Echo das eine Ohr vor dem anderen erreicht, ermitteln sie die Richtung der Beute.

Das Ortungssignal aller heimischen Glattnasen ist ein absinkender Ton von kurzer Dauer. Innerhalb von maximal 5 Millisekunden fällt die Frequenz um mehr als eine Oktave.

Ortungslaute von Mausohr, Braunem Langohr und Großer Hufeisennase. Glattnasen rufen sehr kurz, wobei ihre Laute einen großen Frequenzbereich umfassen. Die Rufe von Hufeisennasen sind wesentlich länger, die Tonhöhe bleibt annähernd gleich. Lediglich am Ende „klingt" ihr Ton etwas tiefer. Die Hörgrenze des Menschen liegt bei 18 kHz.

Biologie der Fledermäuse

Bevor sie abfliegt, verschafft sich die Breitflügelfledermaus einen Überblick über die nähere Umgebung, indem sie Orientierungslaute aus dem geöffneten Maul ausendet: typisch für alle Glattnasen.

Ihre Laute sind also **frequenzm**odulierte Rufe, kurz **fm**-Laute. Das menschliche Ohr würde ihre Schreie als Knall empfinden, einmal vorausgesetzt, wir könnten sie hören. Daher bezeichnet man die frequenzmodulierenden Glattnasen auch als „knallende Fledermäuse".

Hufeisennasen dagegen senden einen kombinierten Laut aus, der aus einem bis zu 50 Millisekunden dauernden **k**onstant**f**requenten Anfangsteil besteht (**cf**-Laut). Am Ende dieses reinen Tones folgt ein kurzer fm-Lautanteil.

Die Höhe der Reintonfrequenz ist für jede Art typisch und liegt bei der Großen Hufeisennase bei 83 kHz, für die Kleine Hufeisennase wurden 107 kHz gemessen. Hufeisennasen senden ihre Ortungssignale durch die Nase, wobei ihre bizarren Nasenaufsätze den Schall bündeln und ihn dorthin lenken, wohin das Tier seinen Kopf richtet. Der keulenförmig sich ausbreitende Schall deutet darauf hin, daß Hufeisennasen vor ihrem Kopf Objekte besser orten können als seitlich.

Wegen der langen Impulsdauer ihrer Signale fällt bei Hufeisennasen das Echo mit dem ausgesandten Laut zusammen. Die Tiere kompensieren dieses vermeintliche Manko mit einem erstaunlichen Trick. Die Große Hufeisennase hat in

Mit Echolot und Ultraschall

ihrem Gehör ein Filter, das präzise auf die Echofrequenz von 83 kHz abgestimmt ist. Diesen Ton kann sie ausgezeichnet hören, höher oder niedriger gelegene Echofrequenzen dagegen nur schlecht. Sind die Echofrequenzen jedoch rhythmisch verändert, nimmt die Fledermaus dies als wechselnde Lautstärke wahr und weiß: Dieses Echo muß von einem flatternden Nachtschmetterling stammen.

Ungewollt prägt der Falter dem Echo seine Flügelschlagfrequenz auf, auch Veränderungen der Flugrichtung, Größe, Form und Beschaffenheit der Beute vermag die Hufeisennase an der charakteristisch modulierten Frequenz des Echos zu analysieren. Herumsitzende Falter allerdings läßt sie unbehelligt, erst wenn sie mit den Flügeln schlagen, werden sie entdeckt und gefangen.

Da Hufeisennasen fliegende Sende- und Empfangsstationen zugleich sind, müßte sich die Frequenz des Echos durch die Fluggeschwindigkeit erhöhen. Dieses Phänomen, nach seinem Entdecker „Doppler-Effekt" genannt, ist uns allen geläufig: Die angestellte Sirene eines Rettungswagens, der schnell auf uns zukommt, klingt immer höher und fällt wieder ab, wenn sich die Lärmquelle entfernt.

Auf eine Hufeisennase übertragen hieße dies: Je schneller sie fliegt, um so mehr läuft sie Gefahr, ihr eigenes, nun wesentlich höher liegendes Echo wegen ihres engen Filters von 83 kHz gar nicht mehr empfangen zu können.

Um diesen unerwünschten Effekt zu kompensieren, bedient sich die Hufeisennase wiederum eines Tricks: Mit Hilfe kleiner Muskeln ihres Kehlkopfes senkt sie die Frequenz ihrer Sendelaute einfach um den entsprechenden Betrag ab – so tief, daß ihr Echo immer bei den gewünschten 83 kHz liegt. Die Insektenjäger verfügen also über ein schnelles Regelsystem, das ihnen in jeder Flugsituation ermöglicht, die Doppler-Verschiebung ihrer Echotöne auszugleichen.

Angesichts dieser hochgradig spezialisierten Nachtjäger wird einem beinahe bange um ihre Opfer. Doch weit gefehlt! Auch ihnen sind die Ortungstricks ihrer Feinde nicht verborgen geblieben. Manche Arten von Nachtschmetterlingen retten sich, sobald sie der Peilton einer jagenden Fledermaus trifft, durch „Hakenschlagen". Andere falten die Flügel zusammen und lassen sich einfach fallen. Einige Arten aus der Familie der Bärenspinner schlagen ihre Gegner gar mit deren eigenen Waffen. Sie senden hochfrequente Signale aus und signalisieren auf diese Weise: Ich bin ungenießbar.

Energiesparen, um zu überleben

Wenn der Winter einbricht, beginnt für viele Tiere ein Kampf auf Leben und Tod. Kälteeinbrüche, lange Frostperioden fordern ihre Opfer, dichte Schneedecken versperren den Zugang zum Futter. Viele unserer Brutvögel wandern daher in den wärmeren Süden, Kleinsäuger wie Maulwurf und Feldmaus leben unter der Erde. Fledermäuse dagegen haben sich aus der Fülle möglicher Überlebensstrategien etwas Besonderes „ausgesucht". Sie halten Winterschlaf. Im Herbst ziehen sich alle bei uns heimischen Fledermausarten in frostsichere Quartiere zurück, um dort ihre Körpertemperatur gezielt bis nahe an den Gefrierpunkt abzusenken, ohne dabei zu erfrieren. Ihr Energieverbrauch ist dann so niedrig, daß sie die kalten, nahrungsarmen Wintermonate, in Spalten verkrochen oder frei hängend, überstehen können. Dabei zehren sie von Fettreserven, die sie im Spätsommer und Herbst im Körper gespeichert haben.

Die meisten Vögel und Säugetiere können ihre Körpertemperatur unabhängig von der Umgebung auf ein konstantes Niveau regeln. Sie sind gleichwarm oder homoiotherm. Amphibien, Reptilien und Insekten dagegen sind wechselwarm oder poikilotherm. In allen Lebenslagen hängt ihre Aktivität stark von der Umgebungstemperatur ab, weil sie nur wenig Körperwärme produzieren können.

Fledermäuse nehmen zwischen diesen beiden Extremen eine Zwischenstellung ein. Sie sind durchaus in der Lage, ihre Körpertemperatur wie die gleichwarmen Tiere konstant zu halten, wenn es kühler wird. Um aber Energie zu sparen, können sie den gleichwarmen Zustand auch vorübergehend aufgeben. Tiere mit derartigen Fähigkeiten bezeichnet man als heterotherm. Zu ihnen gehören alle Winterschläfer wie Igel, Hamster, Murmeltiere und Bilche.

Fledermäuse können darüber hinaus auch im Sommer ihren Körper auf Sparbetrieb umstellen. Wenn sie am frühen Morgen in ihr Tagesquartier zurückkehren, legen sie eine Ruhepause ein. Je nach Art nehmen sie dafür eine besondere Stellung ein und beginnen zu schlafen. Ist die Umgebungstemperatur niedrig, lassen sich die Tiere allmählich auskühlen. Innerhalb von 2 Stunden sinkt ihre Körpertemperatur um bis zu 20° ab, und sie werden sehr träge. In diesem Zustand, der sogenannten Tagesschlaflethargie, können sie sich nur noch langsam bewegen und nicht mehr flüchten. Gegen Nachmittag, noch vor Einbruch der Dämmerung, steigt die Körpertemperatur wieder an und bleibt während der Nacht auf hohem Niveau. Das vorübergehende Absenken der Körpertemperatur am Tage ist für die Fledermäuse nicht notwendig. Trächtige Weibchen etwa bleiben auch tagsüber aktiv. Außerdem kann der Tagesschlaf jederzeit abgebrochen werden, indem die Schläfer ihren Körper innerhalb von 30 Minuten wieder aufheizen.

Dieser Tagesrhythmus zwischen aktiven und lethargischen Phasen ist allen weltweit verbreiteten Vertretern der Glattnasen (Vespertilioniden) und Hufeisennasen (Rhinolophiden) eigen. Im Mittel liegt ihre Körpertemperatur während der trägen Phase zwischen 10 und 28 °C. Im tiefen Winterschlaf kann sie bis fast auf den Gefrierpunkt absinken.

Wie merken nun die Fledermäuse, daß es an der Zeit ist, ins Winterversteck zu fliegen? Auch hier dürften Veränderungen der Umgebungstemperatur neben dem Licht und dem Rückgang der Nahrung die wichtigste Rolle spielen. Tatsächlich sind Fledermäuse nicht fähig, von heute auf morgen in den Winterschlaf zu sinken. An warme Sommertage angepaßte Fledermäuse, die im Labor auf + 3 °C abgekühlt werden, können aus eigener Kraft nicht mehr aufwachen. Ihre „innere Uhr" ist auf den plötzlichen Kälteeinbruch nicht ein-

Pilzbefall
Winterschlafende Fledermäuse mit weißem Pilzbelag an der Schnauze sind nicht selten. Nahrungsreste an der Schnauze sind ein guter Nährboden für die Pilze, ebenso Drüsensekrete, mit denen Fledermäuse ihre Flughäute einfetten und die noch an den Schnauze haften; hinzu kommt die hohe Luftfeuchtigkeit, die Pilze sprießen läßt. Die Pilze schaden den Tiefschläfern nicht. Wieder wach, putzen die Fledermäuse sie einfach weg.

Im Herbst fliegen alle heimischen Fledermäuse in ihre Winterquartiere, Braune Langohren meist in unterirdische Verstecke. Doch solange die Witterung es zuläßt, fliegen sie mehrere Wochen lang Abend für Abend auf Insektenfang und kehren erst am frühen Morgen in ihr Winterquartier zurück.

Das beringte Mausohr ist tief in den Winterschlaf gesunken, während das muntere Wasserfledermausmännchen auch am Tage im Quartier herumfliegt, um schlafende Weibchen zu begatten.

gestellt. Erst die allmählich kühler werdenden Temperaturen, wie sie in den Herbstmonaten vor allem während der Nächte auftreten, bringen die Fledermäuse in die richtige Winterschlafstimmung. Sie wachen nicht mehr jeden Abend auf, um zu jagen, und verharren mehrere Tage in der Tagesschlaflethargie. Erst nach und nach entschließen sie sich, ihre Winterquartiere anzusteuern.

In den Herbstmonaten Oktober und November nimmt das Gewicht der Fledermäuse sprunghaft zu. Bis zu einem Drittel ihres Gesamtgewichts legen sie als braunes Fettgewebe zu, Energiedepots, die zwischen den Schulterblättern und um den Hals, aber auch an den Seiten liegen. Von dieser Reserve müssen die Tiere den ganzen Winter zehren.

Im Winterquartier angekommen, verfallen sie dort nicht

Energiesparen, um zu überleben

gleich in die Winterstarre. Mehrere Wochen kann es dauern, bis sich alle Tiere im Winterversteck gesammelt haben und allmählich auch ihre nächtlichen Ausflüge einstellen.

Der Stoffwechsel winterschlafender Fledermäuse sinkt auf ein Minimum. Die Zahl der Herzschläge von Mausohren zum Beispiel geht von 400 im wachen Zustand auf etwa 15 bis 20 in der Minute zurück. Die roten und weißen Blutkörperchen nehmen um etwa 30 bis 50 % ab. Die Atemzüge werden unregelmäßig, Atempausen bis zu 90 Minuten werden eingelegt. Doch auch in diesem Zustand, in dem Laien eine winterschlafende Fledermaus für tot halten, haben die Schläfer alle Körperfunktionen unter Kontrolle. Bruchteile einer Sekunde genügen, um umzuschalten und den Aufwachvorgang einzuleiten. Die Schlagfrequenz des Herzens steigt sprunghaft an, die Atemzüge werden tiefer und regelmäßiger, das Herz pumpt vermehrt Sauerstoff in die wichtigen Organe wie das Gehirn. Fett wird intensiv „verbrannt", um den Körper aufzuwärmen. Tatsächlich ist das braune Fettgewebe einer erwachenden Fledermaus etwa um 3° wärmer als andere Körperstellen. Dieses „Wärmekissen" sorgt für eine langsam ansteigende Körpertemperatur. Etwas später beginnen zusätzlich die Muskeln der Fledermaus zu zittern. Ihr Stoffwechsel steigert sich enorm, und die Körpertemperatur nimmt jetzt sehr schnell zu.

Eine Zwergfledermaus im Winterschlaf, dicht mit Tautropfen übersät: ein Zeichen für hohe Luftfeuchtigkeit.

Etwa die Hälfte der für das Erwachen nötigen Wärme wird vom braunen Fettgewebe bereitgestellt, in der späteren Phase überwiegt die in den Muskeln erzeugte Hitze die zitterfreie Wärmeproduktion. Aus tiefem Winterschlaf heraus benötigen die Fledermäuse etwa 60 bis 160 Minuten, bis sie voll erwacht sind.

Etwa zwei Drittel ihrer in Fettdepots angelegten Energie verbrauchen die Winterschläfer, um mehrmals während des Winters aufzuwachen – spontan und ohne erkennbare Ursache. Auffallend bei erwachenden Fledermäusen ist, daß sie zu allererst Urin ausscheiden. Wahrscheinlich nehmen während des Winterschlafes bestimmte Stoffe im Fledermauskörper derart überhand, daß sie öfter ausgeschieden werden müssen. Andere wiederum, der Zuckergehalt im Blut zum Beispiel, nehmen möglicherweise so stark ab, daß die wachen Fledermäuse sie wieder neu einregulieren müssen.

Die Schlafphasen überwinternder Fledermäuse dauern im Mittel etwa 30, manchmal aber auch nur wenige Tage. Am längsten schlafen die Tiere in der Mitte des Winters, je stärker die Winterquartiere auskühlen und je tiefer die Körpertem-

Fransenfledermäuse verkriechen sich tief in Ritzen und Spalten…

…während überwinternde Mausohren sich frei aufhängen. Pulks von mehreren Tieren sind in Norddeutschland selten geworden.

peraturen absinken. Wenn die Umgebungstemperatur aller- dings unter lebensbedrohliche Werte absinkt, erwachen die Tiere; zu starke Kälte wirkt als Weckreiz. Die Fledermäuse suchen sich dann einen wärmeren Schlafplatz.

Trotz Winterstarre reagieren die winterschlafenden Fleder- mäuse auch auf vermeintlich geringfügige Störungen sehr sensibel. Das kann das Anleuchten mit einer Taschenlampe sein, auch Geräusche oder leichte Berührungen. Sehr schnell, und von den Störern meist unbemerkt, wird so der Aufwach- mechanismus in Gang gesetzt, der für die Tiere immer mit einem erheblichen Verlust an Energie verbunden ist. Werden Fledermäuse zu oft geweckt, verbrauchen sich Fettreserven vorzeitig. Damit verlieren die Tiere unweigerlich die Fähig- keit, aus dem Tiefschlaf aufzuwachen. Sie sterben allmählich,

Wimperfledermäuse rücken im Tagesschlag zu sogenannten Clustern zusammen, um sich bei schlechter Witterung gegenseitig zu wärmen: soziale Thermo- regulation.

Braune Langohren können sich in Ritzen verkriechen, aber auch frei aufhängen, um den Winter zu verschlafen. Typisch für Langohren: Die Ohren werden nach hinten unter die Flügel geklappt, um sie vor Frost zu schützen.

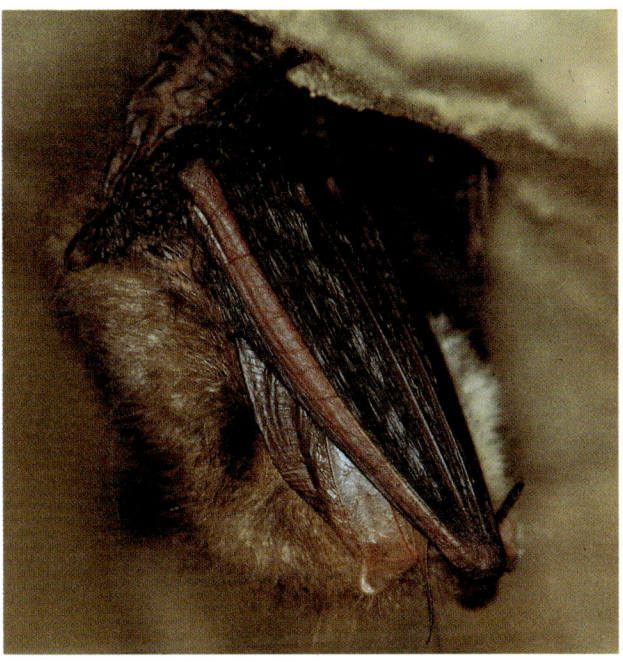

denn ihre Untertagequartiere bleiben auch im Frühjahr noch lange Zeit sehr kühl.

Gegen Ende des Winters werden die Tiefschlafphasen kürzer, durch Hormone gesteuert die Tiere wieder häufiger wach. Haben ihre Fettreserven ausgereicht, fliegen die Fledermäuse bald aus der Höhle, um sich schnellstmöglich den Bauch vollzuschlagen.

Fortpflanzung, Jungenaufzucht

Fledermäuse sind unter allen Säugetieren ohne Frage die geselligsten. In Australien wurden in einer Sommerkolonie der Langflügelfledermaus bis zu 44 000 Weibchen gezählt. Auch unsere mitteleuropäischen Fledermäuse machen in puncto Geselligkeit keine Ausnahme. Die Weibchen bilden sogenannte Wochenstuben, um ihre Jungen großzuziehen. Im Herbst und erst recht im Winterquartier kommen beide Geschlechter zusammen.

Offensichtlich ist der Hang zur Gemeinschaft eine Strategie der Natur im Überlebenskampf: Sie erleichtert den Geschlechtern, in der Paarungszeit zusammenzufinden, und sichert so die Aufzucht der Jungen.

Etwa Mitte August bis Anfang September, sehr bald nach der Aufzucht der Jungen, beginnt für unsere einheimischen Fledermäuse die Paarungszeit. Die Männchen haben erstaunlicherweise einen Sexualzyklus, der mit dem der Weibchen nicht zusammenfällt. Zwar lassen sich die Weibchen im Herbst begatten, doch sind sie in dieser Zeit nicht fruchtbar, ihre Eizellen noch nicht reif. Die Weibchen können die Spermien aber bis zum nächsten Frühjahr aufbewahren. Sie werden in der Zwischenzeit durch Nährstoffe am Leben gehalten, die von der Gebärmutter abgegeben werden. Erst im Frühjahr, wenn die Weibchen das Winterquartier verlassen haben, reift die weibliche Zelle heran und wird befruchtet. Das ist einmalig im Tierreich. Langflügelfledermäuse machen eine Ausnahme: Die Eizelle wird sofort nach der Paarung befruchtet, der sich entwickelnde Keim ruht über Winter und wächst erst im Frühjahr weiter.

Das verlassene, erst wenige Tage alte Mausohrbaby wurde von Fledermausschützern fürsorglich an ein Heizkissen gehängt. Da die Mutter nicht ins Quartier zurückkehrte, mußte das Tier verhungern.

Verzögerte Befruchtung
Bei allen Säugetieren wird nach der Paarung das Ei befruchtet, wonach der Embryo heranwächst. Nicht so bei Fledermäusen: Nachdem sich die Fledermäuse gepaart haben, bewahren die Weibchen die männlichen Samen in einer Tasche der weiblichen Geschlechtsorgane auf. Erst nach dem Winterschlaf dringt eine der konservierten Samenzellen in das weibliche Ei ein, und der Embryo kann sich entwickeln.

Auch im Winterquartier bleiben die Männchen paarungsbereit. Bei Wasserfledermäusen scheint die Paarung im Winterquartier die Regel zu sein. Wacht ein Männchen aus der Winterstarre auf, sucht es zunächst nach einem Weibchen. Es fliegt zu tiefschlafenden Artgenossen und beginnt diese recht robust auf ihre Geschlechtszugehörigkeit zu untersuchen. Schon bei der ersten Berührung stößt der Aufgeschreckte, ganz gleich, ob Weibchen oder Männchen, Abwehrlaute aus. Hat das balzende Männchen einen Fehlgriff getan, läßt es bald von seinem Geschlechtsgenossen ab, wobei der Malträtierte durchaus zu Boden gehen kann.
Hat der Balzende ein inaktives Weibchen entdeckt, ist er wesentlich fürsorglicher. Er umklammert die Partnerin, damit sie nicht herunterfällt, wobei sich das Männchen mit Daumen und Hinterfüßen an der Decke festkrallt. Bisse in den Nacken sollen das Weibchen gefügig machen. Und wenn es langsam aus der Winterstarre erwacht, beginnt die Begattung.
Im März und April, nach dem Winterschlaf, suchen Fleder-

In Wochenstuben der Maus-ohren können mehrere hundert Weibchen zusammenkommen. Derartige Ansammlungen sind heute allerdings selten geworden.

mäuse ihre Sommerquartiere auf. Die Weibchen schließen sich zu Wochenstuben zusammen, die (von Art zu Art verschieden) ein Dutzend bis mehr als 1000 Tiere umfassen können. Ihr Hang zur Gemeinschaft hat große Bedeutung, um Schlechtwetterperioden zu überstehen. Bei kühler Witterung bilden die Weibchen dichte Klumpen und wärmen sich (und später ihre Jungen) gegenseitig.

Wochenstube
Mit Wochenstube bezeichnen Fledermauskundler zweierlei: Das Sommerquartier der Weibchen, in dem sie ihre Jungen bekommen, und die Weibchenkolonie selbst, ihren Nachwuchs eingeschlossen.

Die meisten europäischen Fledermausarten bringen einmal im Jahr ein Junges zur Welt, beim Abendsegler, der Zwerg- und der Zweifarbfledermaus scheinen Zwillingsgeburten die Regel zu sein. Die Tragzeit der Weibchen wird von der Witterung beeinflußt. Bei kühlem Wetter dauert sie entsprechend länger, weil die trächtigen Weibchen weniger Insekten erbeuten können und zusätzlich Energie sparen, indem sie ihre

Braune Langohren nutzen mitunter Vogelnistkästen aus Holzbeton, um darin ihre Jungen großzuziehen; ebenso wie Fransen-, Wasser- und Bechsteinfledermäuse.

Körpertemperatur am Tage absenken. Ist der Embryo erst gegen Ende Juli herangewachsen, behindert das zusätzliche Gewicht beim Jagen. Hinzu kommt, daß die Nächte mit rund sieben Stunden Jagdzeit jetzt sehr kurz sind.

Fledermäuse gebären ihre Jungen in der Zeit der größten Ruhe, also am Morgen oder am frühen Nachmittag. Die Jungen kommen nackt und blind zur Welt. Erst wenige Tage zuvor haben sich die Augen im Mutterleib geschlossen. Meist sondert sich das Weibchen etwas von der Kolonie ab, heftet sich mit Daumenkrallen und Hinterfüßen fest. Wenn die Preßwehen beginnen, spreizt es die Hinterbeine, bildet mit der Schwanzflughaut eine Tasche und beleckt fortwährend die Geschlechtsregion. Das Junge erscheint entweder mit dem Steiß oder dem Kopf voran, rutscht in die Schwanzflug-

In Fledermaus-Sommerquartieren herrscht in der Dämmerung ein reges Treiben, wobei sich die ein- und ausfliegenden Tiere durchaus begegnen können.

haut und wird dort intensiv beleckt und von den Resten der Embryonalhüllen befreit. Schon bald beginnt das Neugeborene am Bauch der Mutter emporzuklettern. Mit dem Kopf tastet es so lange, bis es Kontakt mit der Zitze bekommt und zu saugen beginnt. Zusätzlich verankert es sich mit seinen kräftigen Krallen im Fell. Glattnasenjunge beißen sich mit Hilfe ihres Milchgebisses fest, bei Hufeisennasenjungen brechen die ersten Zähne erst später durch. Sie können sich mit ihrem Saugmund festsaugen. In den ersten 1 bis 2 Stunden sind die Neugeborenen durch die Nabelschnur mit der Mutter verbunden. Sobald die Nachgeburt ausgestoßen ist, wird diese vom Weibchen gefressen und dabei auch die Nabelschnur abgebissen. Die neugeborene Fledermaus beginnt unmittelbar nach ihrer Geburt deutlich zu rufen. Diese Stimmfühlungslaute und der spezifische Geruch ermöglichen es der Mutter später, ihr Junges im Pulk wiederzufinden. Schon an ihrem ersten Lebenstag lassen die Mütter ihre Jungen im Quartier allein, wenn sie hungrig zur Jagd ausfliegen. Meist schon einige Stunden vor dem Ausflug werden die Jungen abgesetzt, wodurch zwei getrennte Kolonien entstehen, die der Mütter und die der Jungen.

Fortpflanzung, Jungenaufzucht

Die Jungen rücken dann oft zu größeren Gruppen zusammen und warten geduldig die Rückkehr ihrer Mütter ab. Kehrt sie von ihren nächtlichen Jagdflügen zurück, gibt das Junge Kontaktlaute von sich. Mutter und Junges klettern dann unter dauernden Wechselrufen aufeinander zu. Den Tag über verleben die Jungen an der Zitze der Mutter.

Die Fledermauskinder entwickeln sich sehr schnell. Nach wenigen Tagen öffnen sich die Augen. Etwa am 10. Tag brechen die endgültigen Zähne durch. Im Alter von 3 Wochen können kleinere Arten fliegen; bei größeren wie Mausohr und Abendsegler dauert es etwa 5 Wochen. Im Alter von 4 bis 6 Wochen sind sie flügge und folgen ihren Müttern, um die ersten Insekten zu jagen.

Später als ihre Mütter, die schon zu den Paarungsquartieren der Männchen unterwegs sind, verlassen die Jungfledermäuse die Wochenstube. Sie verfügen noch über geringe Jagderfahrung und müssen sich für den kommenden Winter genügend Körperfett anfressen. In dieser kritischen Phase ihres recht jungen Lebens sind die Fledermauskinder besonders gefährdet. Etwa die Hälfte überlebt die ersten Monate nicht, kaum 40 % erreichen das 2. Lebensjahr. Mit der geringen Vermehrungsrate von 1 bis höchstens 2 Jungen jährlich könnte ein Fledermausbestand nicht lange überleben. Zum Ausgleich werden Fledermäuse erstaunlich alt. Den Rekord hält eine Wasserfledermaus mit 31 Lebensjahren, auch von einigen anderen Arten kennen wir aus Beringungsversuchen ein Höchstalter von mehr als 2 Jahrzehnten.

Ökologie der Fledermäuse

Wo leben Fledermäuse?

Naturnahe Laubmischwälder mit alten Bäumen, Lichtungen und dichtem Unterwuchs bieten den Waldfledermäusen reichlich Insekten und Verstecke.

Im Laufe eines Jahres suchen alle heimischen Fledermausarten unterschiedliche Lebensräume und Quartiere auf, die wir, je nach biologischer Funktion, unterscheiden können. Ihr Jagdrevier streifen sie in der Nacht nach Insekten ab. In den Sommerquartieren halten die Männchen und Weibchen den sogenannten Tagesschlaf, ziehen die Weibchen ihre Jungen groß, können sich die Tiere aber auch verpaaren. Im Winterquartier suchen die Fledermäuse Schutz vor der lebensfeindlichen Witterung und überdauern die nahrungsarme Jahreszeit im Tiefschlaf. Viele Fledermausarten beziehen Zwischenquartiere, in denen sie sich paaren oder nur vorübergehend aufhalten. Auf der Wanderung lernen junge Fledermäuse die neuen Quartiere kennen.

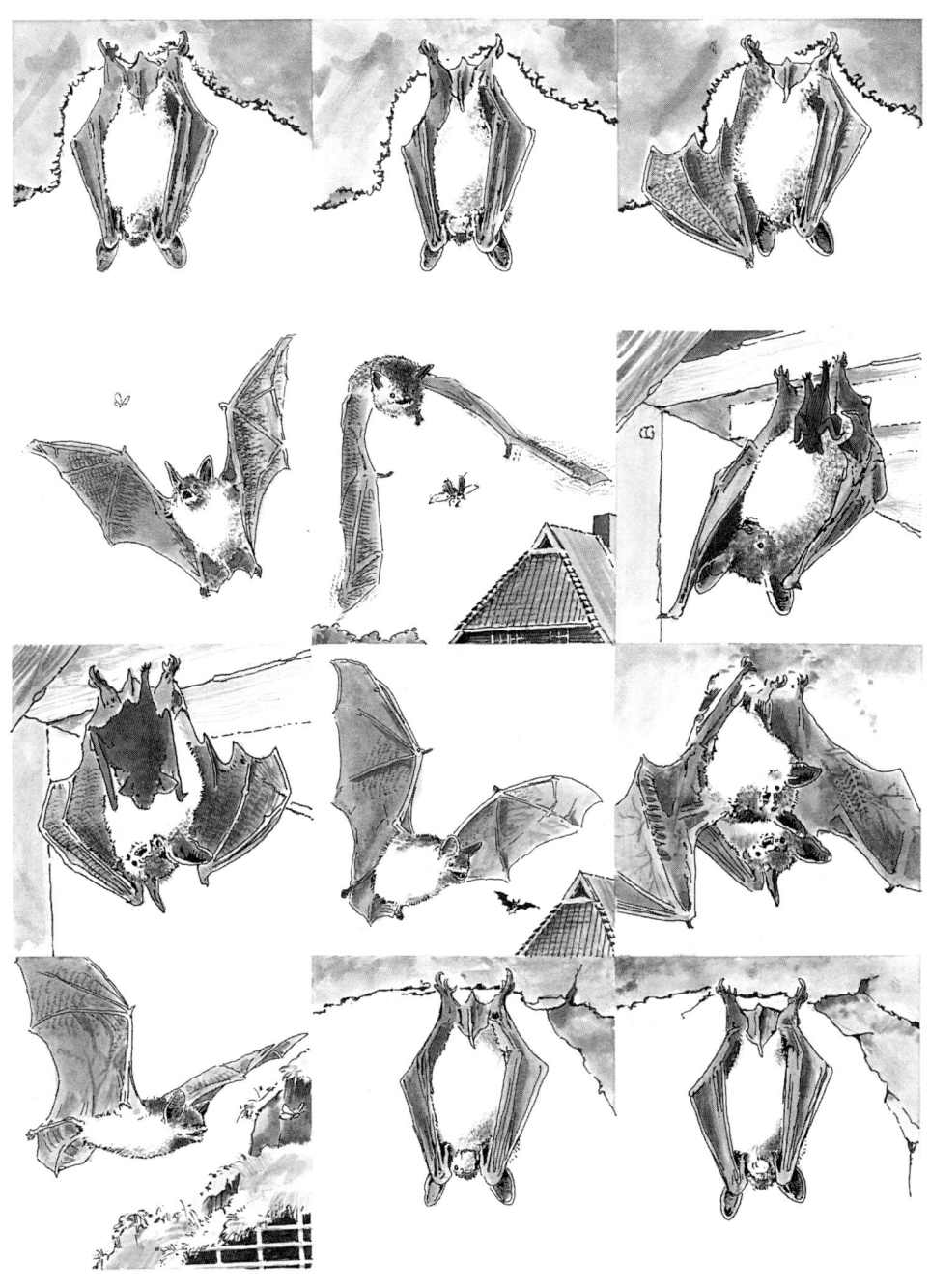

Das Fledermausjahr

Januar
Winterschlaf-Fettreserven dienen als Brennstoff.

Februar
Winterschlaf-Fettreserven weitgehend verbraucht.

März
Erste Regungen – einige Tiere jagen bereits.

April
Fledermäuse sind aktiv und hungrig, bei kühlem Wetter wieder lethargisch.

Mai
Fledermäuse sind ständig aktiv, Weibchen gründen Wochenstuben.

Juni
Junge werden geboren.

Juli
Weibchen säugen noch, einige Jungtiere sind schon fast ausgewachsen.

August
Weibchen suchen die Männchen auf, Jungtiere lernen Insekten fangen.

September
Hochzeit der Fledermäuse, Fettreserven werden angelegt.

Oktober
Hochzeit der Fledermäuse, Winterquartiere werden aufgesucht, kurze Lethargiephasen.

November
Winterschlaf beginnt, Tiere erstarren mehrere Tage.

Dezember
Tiefer Winterschlaf

Jagdrevier

Für Fledermäuse günstige Jagdreviere müssen vor allem genügend Insekten als Nahrung bieten. Voraussetzung dafür ist allerdings eine abwechslungsreiche Landschaft mit Waldrändern, heckenbegrenzten Wiesen, Feldgehölzen mit Teichen, baumgesäumten Bachläufen, aber durchaus auch Siedlungen mit Gärten und Parks. Eine derart reichgegliederte Landschaft bietet natürlich auch vielen Insektenarten mit unterschiedlichen Ansprüchen geeignete Bedingungen zum Leben – ökologische Nischen. So können im Wasser aufwachsende Insekten neben reinen Wald- und typischen Wiesenarten auf vergleichsweise begrenztem Raum nebeneinander existieren.

Insekten haben unterschiedliche Lebenszyklen. Manche schlüpfen im Frühjahr, viele erst im Spätsommer. Je mehr Arten daher ein Jagdrevier von Fledermäusen bevölkern, um so reichlicher und gleichmäßiger ist der Tisch für die Nachtjäger das ganze Jahr über gedeckt, den Winter ausgenommen. Und: Je mehr Insekten eine Landschaft hervorbringt, um so mehr Fledermäuse in Art und Zahl haben dort ein Auskommen.

Von vielen Fledermausarten wissen wir, daß sie sich auf bestimmte Insektengruppen spezialisiert haben. Oft liegt der Grund auf der Hand. So ist eine Mopsfledermaus mit ihrer kleinen Mundspalte kaum in der Lage, dicke Mai- oder Mistkäfer zu fangen, geschweige denn zu zerbeißen. Sie liebt daher zarte Mücken und Fliegen. Der robuste, wesentlich größere Abendsegler bevorzugt fettere Beute, hauptsächlich Käfer. Für ihn wäre es unrentabel, zarte Winzlinge zu erbeuten. Bei der Jagd verbraucht er mehr Energie, als ihm Kleininsekten an Nachschub liefern könnten.

Es fällt nicht schwer zu begreifen, daß in einer ausgeräumten Agrarlandschaft, in langweiligen Forstmonokulturen oder im Umfeld von begradigten und verrohrten Flüssen und Bächen die Jagdausbeute für Fledermäuse wegen der fehlenden Insekten äußerst schlecht ist. Nur wenige Kerbtiere sind so anpassungs- und widerstandsfähig, daß sie in dieser stark verarmten und monotonen Umgebung leben können. Doch kommt es nicht gerade in forstlichen und landwirtschaftlichen Mono- und Intensivkulturen trotz des Einsatzes von Spritzmitteln zu unnatürlichen Massenvermehrungen von Insekten, die für Fledermäuse eine willkommene und leichte Beute darstellen? Der Schein trügt: Die Nahrung ist sehr einseitig und paßt oft nicht ins Beutespektrum der Fledermäuse.

Derartige Massenvermehrungen sind zudem häufig nur auf wenige Tage und Wochen beschränkt, so daß nur für kurze Zeit genügend Nahrung zur Verfügung stünde.

In Weinbergen und Obstmonokulturen sucht man Fledermäuse vergeblich. Erst in den Übergangsbereichen, wo wieder wildlebende Pflanzen und damit auch Insekten geduldet werden, gelingt es, Fledermäuse bei der Jagd zu beobachten. Bechsteinfledermäuse und Braune Langohren sind ausgesprochene Waldjäger. Zwerg- und Breitflügelfledermäuse dagegen jagen auch gerne in menschlichen Siedlungen, in Gärten, an Straßenlaternen und beleuchteten Fassaden etwa, die mit ihrem Licht Insekten anlocken. Offene Gewässer ziehen besonders Wasserfledermäuse an, können sie hier doch eine Vielzahl von aquatischen Insekten erbeuten. Auch Teich-, Bart-, Bechstein- und Zwergfledermäuse, seltener Abendsegler, stellen hier gerne den Kerbtieren nach.

Typisch für alle Fledermausarten ist, daß sie die Sommerquartiere meist in der Nähe ihres Jagdreviers beziehen. Der Vorteil: Sie müssen nur wenige hundert Meter zurücklegen, um sich den Bauch vollzuschlagen.

Sommerquartiere

Als Sommerquartier bevorzugen Fledermäuse möglichst warme, ungestörte Hohlräume in Bäumen, Gebäuden, Felswänden oder Mauern. Die schwangeren Weibchen kommen in den sogenannten Wochenstuben zusammen. Dort sammeln sich die Kolonien mit zehn oder mehreren hundert Tieren, um gemeinsam ihre Jungen zu gebären und aufzuziehen. Den Tag verbringen Mutter und Kind gemeinsam. Doch nachts, wenn die Mütter jagen, bleiben die Kleinen allein. Allerdings unterbrechen die Weibchen häufiger ihre Jagdausflüge, um die Jungen zu säugen. Erst in der frühen Morgendämmerung kehren die Mütter zu ihrem Nachwuchs zurück. Wochenstuben müssen den besonderen Ansprüchen der werdenden Fledermausmütter genügen. Sie müssen ausreichend und konstant warm sowie möglichst ruhig sein. Frischgeborene, in den ersten Lebenstagen noch nackte Fledermäuse sind sehr kälteempfindlich. Hohe Temperaturen in der Wochenstube sind deshalb für sie lebenswichtig, zumal in der Nacht die vom Quartier abgegebene Wärme die Körperwärme der Mutter ersetzen muß.

Die geschlechtsreifen Männchen leben im Sommer häufig allein und suchen am Tage eigene Schlafplätze auf. Dort können sie sich auch mit den Weibchen paaren, etwa ab Mitte

Links:
Breitflügelfledermäuse beziehen im Sommer gerne in Dachstühlen Quartier, wobei sie sich in der Regel hinter Bretterverschalungen verkriechen.

Rechts:
In Dachstühlen hängen sich Braune Langohren möglichst an die höchste und zugleich wärmste Stelle.

August. Männchenschlafplätze sind deshalb unter Umständen auch Paarungsquartiere. Hinzu kommen noch die Verstecke der jungen, noch nicht geschlechtsreifen Weibchen und Männchen.

Je nachdem, welche Quartiere unsere Fledermäuse im Sommer bevorzugen, können wir sie grob in zwei Gruppen aufteilen: in Haus- und Waldfledermäuse. Hausfledermäuse haben es mit der Zeit gelernt, die Vorteile menschlicher Siedlungen und Gebäude für sich zu nutzen. Waldfledermäuse dagegen beziehen lieber in Baumhöhlen, aber auch in Vogelnist- und Fledermauskästen Quartier. Einige Arten wie Abend- und Kleinabendsegler können in Bäumen sogar den Winter überstehen. Die Grenze zwischen Haus- und Waldfledermäusen ist allerdings fließend.

Je nach Klima kann die gleiche Art im Norden als Hausfledermaus, im Süden als Höhlenbewohner leben. Einige Arten haben ihr Verbreitungsgebiet nach Norden erfolgreich ausgeweitet, indem sie künstliche Bauwerke mit für sie günstigen Lebensbedingungen akzeptieren. Eine ausgesprochene Hausfledermaus ist beispielsweise das Mausohr, ihre typische Wochenstube der Dachboden einer schiefergedeckten Kir-

Wo leben Fledermäuse?

che. Der Vorteil: Schiefer erwärmt sich besonders gut und kann Wärme gut speichern. Die warme aufsteigende Luft staut sich unter dem Giebel, und genau dorthin, an die oberste Dachsparre, hängen sich die Mausohrweibchen. Wird es den Tieren zu mollig, rücken sie etwas auseinander. Starker Durchzug allerdings, etwa durch kaputte Ziegel, kann die wärmeliebenden Hausbewohner vertreiben.

Die in vielen älteren Kirchen angelegten Eulenlöcher erleichtern es den Mausohren, ihren Hangplatz fliegend anzusteuern. Doch reichen mitunter auch schon Spalten im Mauerwerk oder an Fenstern als Einschlupf aus. Die Dachböden alter Kirchen eignen sich auch deshalb besonders für Fledermäuse, weil sie hier gar nicht oder zumindest sehr selten gestört werden.

Ein Blitz hat die Buche gespalten und so ein ideales Sommerdomizil für Fledermäuse geschaffen.

Im Gegensatz zu den frei hängenden Mausohren, verkriechen sich andere Arten in Mauerritzen oder hinter Bretterverschalungen. Zwergfledermäuse mögen es besonders gern eng. Sie drängen sich dicht an dicht in Hohlschichten und -wände, wobei nach Süden bis Osten ausgerichtete Quartiere bevorzugt werden, weil sie sich tagsüber stärker erwärmen. Als Einschlupf genügt den Winzlingen schon ein Spalt von 1,5 cm, etwa ein schwach vom Mauerwerk abstehender Fensterrahmen. In derart unauffälligen Quartieren werden die Tiere selten gestört.

Waldfledermäuse bevorzugen als Wochenstuben natürliche Baumhöhlen. Diese können durch Blitzeinschlag oder den Schnabelmeißel eines Spechtes entstanden sein. Ist die Höhle nach oben zu einer hohlen Kuppel ausgefault, sind die Bedingungen für Waldfledermäuse ideal. In dieser Höhle staut sich oben die warme Luft, weshalb sie von den Tieren als Hangplatz gerne angenommen wird. Auch in Vogelnisthöhlen und speziell konstruierten Fledermauskästen hängen sich die Tiere immer an die höchste und wärmste Stelle. Dorthin verziehen sich auch die Jungtiere in der Nacht, wenn ihre Mütter Insekten nachstellen.

Einzig die Abfallentsorgung haben die Waldfledermäuse nicht gerade vorbildlich gelöst. Türmt sich der Kot bis zum Einflugloch der Baumhöhle, suchen die Bewohner im nächsten Sommer ein neues Quartier. Als reinliche Tiere krabbeln Fledermäuse ungern durch ihren eigenen Kot, um zum Hangplatz vorzudringen. Ein weiterer Grund für den Umzug sind die lästigen, sich im Kot üppig entwickelnden Parasiten. Ältere, von Abendseglern bewohnte Baumhöhlen können mitunter leicht identifiziert werden. Bevor die Fledermäuse in

Nachdem das Braune Langohr aus dem Nistkasten gekrabbelt ist, läßt es sich einfach mit ausgebreiteten Flügeln fallen.

ihre Baumhöhle krabbeln, entleeren sie kurz ihre Blase. Das Resultat: ein langer, deutlich sichtbarer Urinstreifen unter dem Einschlupfloch. Außerdem können aus der überfüllten Höhle die Kotpillen herausquellen und so den Streifen zusätzlich markieren.

Wochenstuben von Waldfledermäusen sind meist kleiner als die der Hausliebhaber, sicherlich eine Folge des begrenzten Platzes in einer Baumhöhle. So wurden hierzulande von Langohren, Bechsteinfledermäusen und Fransenfledermäusen bisher kaum mehr als 30 Weibchen zusammen gefunden. Wald- und Hausfledermäuse haben gemeinsam, daß sie während der Jungenaufzucht ihr Wochenstubenquartier wechseln können. Besonders große Kolonien von Bart- und Zwergfledermäusen spalten sich dabei oft in mehrere kleine

Wo leben Fledermäuse?

Gruppen auf. Warum die Tiere auf andere Quartiere ausweichen, ist weitgehend unbekannt. Vermutlich spielen äußere Störungen oder schlechteres Klimas im Quartier eine Rolle, oder die Tiere weichen starkem Parasitenbefall aus. Möglicherweise wechseln sie auch nur in ein ergiebigeres Jagdrevier. In der Regel kehren aber alle Arten im nächsten Jahr zu ihren angestammten Quartieren zurück.

Die sogenannten Männchenquartiere von Haus- und Waldfledermäusen ähneln meist den Wochenstuben der Weibchen. Allerdings haben die Männchen mehr Auswahl. Sie müssen nicht darauf achten, ob ihr Unterschlupf warm genug ist.

Noch nicht fortpflanzungsfähige Mausohrmännchen beziehen mitunter den gleichen Dachstuhl wie die Weibchen, doch werden sie von den werdenden Müttern nur auf Distanz geduldet. Die paarungsbereiten Männchen dagegen nehmen ganze Dachböden für sich in Beschlag, die sie gegen eindringende Geschlechtsgenossen vehement verteidigen. Sie warten auf paarungswillige Weibchen, die hier nach Ende der Jungenaufzucht einfliegen und begattet werden.

Junge, noch nicht fortpflanzungsfähige Waldfledermäuse rotten sich zu gemischten Männchen-und-Weibchen-Trupps zusammen. Ohne festen Wohnsitz wandern sie innerhalb eines bestimmten Areals von Quartier zu Quartier. Seßhafter sind da schon die erwachsenen Abendseglermännchen. Einzeln beziehen sie eine geräumige Bude, etwa eine Baumhöhle. Willige Weibchen, die zufällig vorbeifliegen, werden quasi per Zuruf hereingelockt. Abendseglermännchen können einen regelrechten Harem um sich scharen. In einem Paarungsquartier eines einzelnen Männchens wurden bis zu 10 Weibchen angetroffen, die alle begattet werden. Doch es ist anzunehmen, daß die Weibchen es den Männern gleichtun und sich gleichfalls von mehreren Männchen begatten lassen.

Im Herbst, nach der aufregenden Paarungszeit, dient das Versteck den Männchen noch als Zwischenquartier, bevor sie in den langen Winterschlaf gehen.

Unter einem Zwischenquartier verstehen Fledermauskundler Verstecke, die von den Tieren nur für kürzere Zeit auf der Wanderschaft aufgesucht werden. Derartige Unterschlupfe werden vor allem im Herbst und im Frühjahr benötigt, wenn die Tiere vom Sommer- ins Winterquartier und umgekehrt ziehen. Bei der Wahl ihrer Kurzzeitverstecke sind Wald- und Hausfledermäuse gleichermaßen flexibel. Sie müssen nicht

Die lethargische Wasserfledermaus hat sich an die oberste Stelle im Vogelnistkasten aus Holzbeton gehängt.

besonders warm sein. Auch Sommerquartiere anderer Fledermausarten werden, ganz gleich ob besetzt oder unbesetzt, angeflogen. Ein ungeschützter Dachbalken in einer Scheune reicht schon aus, um sich daran ein paar Tage aufzuhängen. Anderen genügen ein Stück lockere Baumrinde, alle Arten von Spalten oder auch das Mundloch von Höhlen. Hausfledermäuse kann man in Baumverstecken, umgekehrt Baumfledermäuse auch in Häusern antreffen.

Von Wasser- und Bartfledermäusen weiß man, daß sie sich häufiger völlig ungeschützt für mehrere Tage an eine Stelle hängen, ohne den Hangplatz zu wechseln. Häufig sind dies Tiere, die auf ihrer Wanderung in eine Schlechtwetterperiode geraten sind und in Lethargie verfallen, um wärmere Tage abzuwarten und dabei wertvolle Energie zu sparen. Hält die kühle Witterung länger an, kann es passieren, daß sie vom Tagesschlaf in den tieferen Winterschlaf sinken. Dann wachen sie erst wieder auf, wenn die Außentemperaturen kritische Werte unterschreiten. Genaugenommen wäre dieser Hangplatz also Zwischen- und Winterquartier zugleich. Doch in der Regel sollte ein Fledermausversteck erst als Quartier angesprochen werden, wenn die Tiere es regelmäßig in jedem Jahr wieder aufsuchen.

Winterquartiere

Im Spätherbst, wenn die Tage kälter werden und kaum noch Insekten fliegen, suchen die Fledermäuse frostsichere, ungestörte Verstecke. Angenehm sind ihnen kühle Temperaturen zwischen 3 und 9 °C. Derartige Bedingungen erfüllen natürliche Winterquartiere wie Felshöhlen und dickere Bäume mit Specht- und Fäulnishöhlen. Viele Fledermausarten bevorzugen allerdings Verstecke, die unter Tage liegen wie Stollen und Höhlen, Kasematten, Gebäude, Eis- und Weinkeller und andere unterirdische Anlagen. Diese sogenannten Felsfledermäuse stellen besondere Anforderungen an das Mikroklima, die dort eben am besten erfüllt sind: fast konstante niedrige Temperaturen und recht hohe Luftfeuchtigkeit von 90 bis 100 %. In waagerecht verlaufenden Stollen wird die Luft stolleneinwärts zunehmend wärmer und feuchter. Ab einer gewissen Entfernung vom Mundloch sind die klimatischen Verhältnisse konstant. Jede Fledermausart kann deshalb den ihr zusagenden optimalen Bereich aufsuchen. So verziehen sich die besonders wärmeliebenden Hufeisennasen immer in die hintersten Quartierabschnitte mit Temperaturen zwischen 7 und 12 °C über Null. Ganz anders dagegen die Nord-

und Mopsfledermäuse: Sie ziehen erst recht spät im Jahr ins Winterquartier. Und als könnte es ihnen nicht kalt genug sein, hängen sie sich mit Vorliebe in der Nähe des kalten Eingangs auf – mit Temperaturen zwischen – 7 und + 5 °C. Nordfledermäuse hat man nicht selten neben dicken Eiszapfen in tiefem Winterschlaf gefunden. Doch das Gros der Felsfledermäuse sammelt sich etwa 20 bis 60 m vom Eingang entfernt.

Ein Unterschied ist, ob die Fledermäuse eher im kühleren Norden oder im wärmeren Süden ihr Winterschlafdomizil beziehen. So gehen Zwergfledermäuse in Süddeutschland gewöhnlich unter Tage, in Norddeutschland tun sie dies viel seltener.

Hohe Luftfeuchtigkeit scheint zumindest für die Myotisarten unter den Felsfledermäusen, also Mausohren, Fransen-, Bart- und Wasserfledermäuse, wichtig zu sein, damit ihre dünnhäutigen Flughäute nicht austrocknen.

Im „Unter Tage"-Quartier dienen Felsspalten und -ritzen, Klüfte und Vorsprünge, aber auch das Bodengeröll als Hangplatz oder Versteck. Wasser- und Fransenfledermäuse verkriechen sich gewöhnlich in tieferen Spalten und alten Bohrlöchern. Mausohren und Nordfledermäuse dagegen hängen

In strengen Wintern können Stolleneingänge derart vereisen, daß sich winterschlafende Fledermäuse tief ins Innere verkriechen müssen.

sich häufiger frei an Decken und Wände. Doch keine Regel ohne Ausnahme: Man findet auch Wasserfledermäuse, die sich frei aufgehängt haben, und Mausohren sowie Nordfledermäuse tief in Spalten verkrochen.

Viele Hausfledermäuse leben sommers und winters in Gebäuden. Breitflügelfledermäuse suchen die Nähe warmer Schornsteine. Dabei scheinen sie die trockene Luft gut ertragen zu können.

Einige wenige Fledermausarten zieht es im Winter in Baumhöhlen. Dazu zählen der Große und der Kleine Abendsegler. Als Quartier eignen sich jedoch nur Höhlen in älteren Bäumen, die durch dicke Wände allzu große Kälte und Frost abhalten. Ob die Wahl des Baumes richtig war, zeigt sich dann erst bei langanhaltenden Frostperioden. War er zu dünn, überleben mitunter nur die Abendsegler, die sich in der wärmeren Mitte der Fledermaustraube aufgehalten haben. Die äußeren erfrieren, wenn sie zu schwach sind, rechtzeitig aufzuwachen.

Wanderungen

Es liegt in der Natur mancher Fledermäuse, zwischen Sommer- und Winterunterschlupf beträchtliche Strecken zurückzulegen. Einzelne Abendsegler unterziehen sich regelmäßig der Mühsal, erst nach 1500 km Flug in ihr angestammtes Winterquartier zu schlüpfen, und im Frühjahr die gleiche Strecke zurückzufliegen. Auch die zierliche Rauhhautfledermaus steht ihnen in nichts nach: Rund tausend Kilometer ist ein beringtes Tier vom Norden der DDR nach Südfrankreich und im Frühjahr die gleiche Strecke wieder zurückgewandert. Dabei gilt stark vereinfacht: Die Fernwanderer unter den Fledermäusen ziehen im Herbst von Nordosten in südwestlicher Richtung, im Frühjahr umgekehrt. Besonders für die frostgefährdeten Baumfledermäuse sind derartige Langstreckenflüge von Vorteil. Für sie ist der warme Süden sicherer, die Gefahr zu erfrieren geringer. Dennoch: Viele Große und Kleine Abendsegler verschlafen den Winter in unseren Breiten und riskieren damit hohe Verluste. Doch auch die Fernwanderer setzen ihr Leben aufs Spiel. Wenn sie unterwegs nicht genug Nahrung erbeuten, müssen sie einen Teil ihrer angefressenen Fettdepots aufzehren. Ob die Energiereserven dann noch ausreichen, um den Winterschlaf zu überstehen, ist nicht immer sicher. Deshalb ist vermutlich die Doppelstrategie „Fernflug und Kurzstrecke" sinnvoll, um die Art zu erhalten.

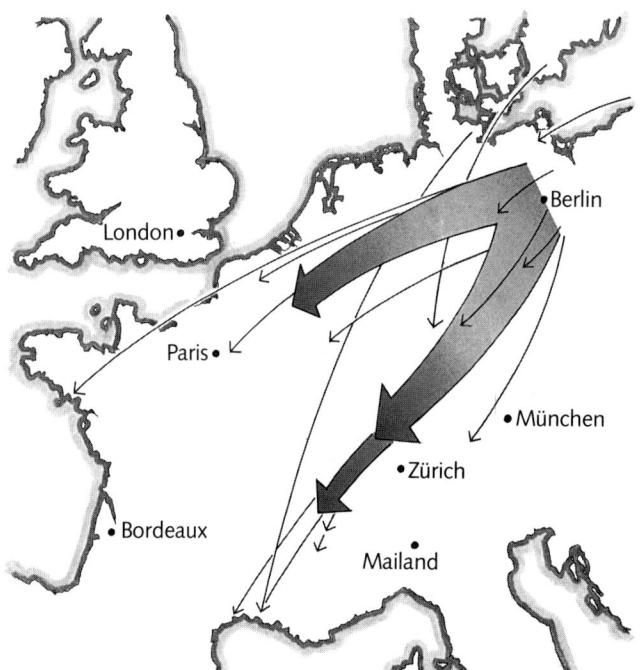

Abendsegler und Rauhhautfledermäuse legen bis zu 1500 km zwischen Sommer- und Winterquartier zurück. Sie wandern im Herbst von Nordost nach Südwest – und im Frühjahr die gleiche Strecke zurück.

Nur wenige Fledermausarten wandern überhaupt nicht, sie sind ausgesprochen standorttreu. Manche Breitflügelfledermäuse, aber auch Hufeisennasen, machen es sich besonders einfach. Sie räumen den Dachstuhl und ziehen lediglich in den Keller des gleichen Hauses um. In der Regel legen jedoch standorttreue Fledermäuse kurze Strecken von wenigen Kilometern bis zu ihrem Winterquartier zurück. Sie strömen aus allen Richtungen in ihr Quartier. Eine feste Zugrichtung ist nicht zu erkennen.

Zwischen den beiden Extremen „standorttreu" und „wandernd" werden die „wanderfähigen" Fledermausarten wie Wasser- und Fransenfledermäuse eingeordnet. Sie überwinden Strecken zwischen 30 und 250 km zwischen Sommer- und Wintereinstand. Wanderfähige und ortstreue Fledermausarten haben gemeinsam, daß sie aus allen Richtungen in ihr Winterquartier streben und im Frühjahr sich wieder sternförmig verteilen. Die Unterschiede zwischen den Gruppen sind fließend. Immer wieder fallen Einzeltiere auf, die erheblich weiter wandern, als man von ihren Artgenossen gewohnt ist. Bisher ist der biologische Sinn dafür weitgehend unbekannt.

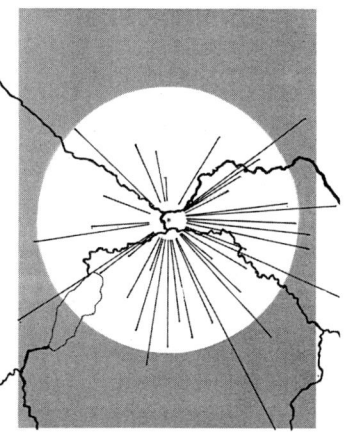

Zwergfledermäuse sind „Kurzstreckenwanderer". Sie kommen aus allen Richtungen, um in ihre Winterquartiere zu gelangen.

Beringung

Erst durch systematisches Beringen von Fledermäusen (in Deutschland etwa ab 1932 begonnen) und durch wiedergefundene Ringträger wurde nachgewiesen, wie weit und wohin Fledermäuse wandern. Erkenntnisse über das Heimfindevermögen, über Quartier- und Hangplatztreue und die Altersstruktur von Fledermausbeständen wurden gewonnen.

Die mit Kennziffer und Kurzadresse versehene Markierungsklammer aus Metall wurde oberhalb des Handgelenkes um den Unterarm gelegt und dann zusammengepreßt – ein Verfahren, das sicherlich auch zu Verlusten unter den Fledermäusen geführt hat. Mit der Zeit ist die Klammer in die Flughaut oder sogar ins Knochengewebe eingewachsen. Gewebswucherungen sind die Folge, und wenn die Tiere versuchen, den Fremdkörper abzuknabbern, schleifen sich die Zähne kurz. Schwierigkeiten beim Zerkleinern ihrer Beute sind nicht auszuschließen. Für kleinere, ohnehin nur wenige Gramm schwere Tiere ist die einseitige Belastung kritisch beim Fliegen – vor allem für den Beutefang.

Bisher sind mehrere zehntausend Tiere mit einer Metallklammer ausgerüstet worden, und auch heute noch werden markierte Tiere in Winterquartieren entdeckt. Angesichts des rapiden Rückgangs vieler Fledermausarten ist es jedoch nicht mehr vertretbar, Fledermäuse zu markieren, zumal keine wesentlich neuen Erkenntnisse mehr erwartet werden können. Wenn man allerdings eine tote beringte Fledermaus findet, sollte das Tier unverzüglich dem nächsten Naturschutzamt zugeleitet werden (Adressen s. Seite 120ff.).

Fledermäuse: Vom Aussterben bedroht

Es mag übertrieben anmuten, wenn ältere Schriften oder Erzählungen von Tausenden von Fledermäusen berichten, die dicht an dicht an Höhlendecken hängen. Noch in den Nachkriegsjahren gab es hierzulande zahlreiche Höhlen, in denen Hunderte und mehr Fledermäuse verschiedener Arten gemeinsam überwintert haben. Viele dieser Massenquartiere sind inzwischen verwaist, oder es kehren nur noch wenige Fledermäuse im Herbst dorthin zurück. Dächer, unter denen mehrere hundert Mausohren im Sommer ihre Jungen großzogen, sind leer; nur noch meterhohe Kotberge zeugen von der einstigen Betriebsamkeit. Man mag es kaum glauben: Die Kleine Hufeisennase gehörte in der ersten Hälfte dieses Jahrhunderts zu den häufigsten Fledermäusen hierzulande. Heute ist sie im Harz und im Weserbergland verschollen, im Süden der Bundesrepublik leben gegenwärtig nur noch Einzeltiere, und die über mehrere Quartiere verstreut. Die Tage der Kleinen Hufeisennase sind gezählt. Sie wird in den nächsten Jahren aussterben, mit ihr die Große Hufeisennase.

Um andere Fledermausarten ist es nicht viel besser bestellt. Von Fledermausforschern kontrollierte Mausohr-Wochenstuben in der Eifel schrumpften von 1961 bis 1981 von 210 Weibchen auf ein Viertel des Ausgangsbestandes. In einer Höhle in der Frankenalb, im Jahre 1962 mit 4500 Mausohren noch ein Massenquartier, kamen nach 14 Jahren nur noch ganze 250, maximal 300 Tiere zurück, um dort den Winter zu verschlafen.

Derartige Beispiele ließen sich für fast jede in Mitteleuropa heimische Fledermausart berichten. Lediglich die Bestände der Wasser- und Zwergfledermäuse scheinen sich gehalten zu haben.

Für den rapiden Schwund unter unseren heimischen Fledermäusen ist nicht eine Ursache allein verantwortlich. Ein ganzes Bündel kommt da zusammen – unnatürliche, also auf den

Mitunter finden Fachleute mumifizierte Fledermäuse, wenn sie regelmäßig Quartiere kontrollieren. Ob die Tiere an Gift oder Altersschwäche gestorben sind, läßt sich meist nicht ermitteln.

Menschen zurückzuführende Faktoren, aber auch natürliche Umstände. Viele Fledermausarten stoßen in Mitteleuropa an ihre nördliche und auch westliche Verbreitungsgrenze. Naturgemäß sind dort die Lebensbedingungen schwierig. Wäre dies nicht so, könnten die Tiere sich weiter ausbreiten. Ein wichtiger Faktor, der die Verbreitung vieler Fledermausarten mit beeinflußt, ist das Klima. In einem kalten, feuchten Sommer müssen mehr junge Fledermäuse sterben als sonst. Die Mütter bleiben häufiger im Quartier, weil aufgrund der kühlen Witterung keine Insekten fliegen. Auf diese Weise können sie zwar wertvolle Energie sparen, doch reicht nach wenigen Tagen die Milch nicht mehr aus, um die säugenden Jungen zu ernähren.

Auch für erwachsene Fledermäuse ist Nahrungsmangel infolge naßkalter Witterung ein Problem. Gehen sie schlecht ernährt mit unzureichenden Fettreserven in den energiezehrenden Winterschlaf, erleben sie unter Umständen das nächste Frühjahr nicht mehr. Wärmeliebende Fledermausarten, also Mausohren und die schon fast ausgestorbenen Hufeisennasen, sind von Klimaschwankungen stark betroffen. So führen Experten das Verschwinden der Kleinen Hufeisennase im Nordwesten der Bundesrepublik auf eine Folge von kühlen, nassen Sommern in den fünfziger und sechziger Jahren zurück. Da die Kleine Hufeisennase kaum wandert, zudem den Winter in Untertagequartieren verschläft, war sie auf Höhlen und Stollen in den Mittelgebirgen angewiesen. Dort aber, in den höheren Lagen, wirken sich Klimaverschlechterungen ungleich drastischer aus.

Doch das schlechtere Klima allein kann den massiven Rück-

Das Mausohr ist durch ein Kopfgeschwür schwer behindert: Ursache unbekannt.

Fledermäuse: Vom Aussterben bedroht
49

Die Bartfledermaus mit dem verklebten Fell ist versehentlich in einen Fliegenfänger geraten – und gestorben.

gang fast aller Fledermausarten nicht erklären, weiß man doch, daß wärmere Sommer mit reichlich Nahrung ein Fledermausvorkommen wieder stärken müßten. Nur dort, wo auch in guten Sommern keine Insekten fliegen, weil ihre Lebens- und Nahrungsräume durch intensive Landwirtschaft ausgetrocknet und zerstört, durch Beton und Asphalt versiegelt werden und damit unwiederbringlich verlorengehen, haben Fledermäuse im wahrsten Sinne des Wortes nichts mehr zu suchen.

Die Gleichung ist relativ einfach: Lebensräume von Insekten sind Jagdreviere von Fledermäusen. Schon kleinräumige Veränderungen können das Schicksal eines lokalen Fledermausvorkommens besiegeln. Wird ein Teich trockengelegt, eine Hecke entfernt, müssen sich die Tiere ein neues geeignetes Jagdrevier suchen. Und womöglich liegt dieses dann viel zu weit vom Sommerquartier entfernt.

Es liegt auf der Hand, daß der flächendeckende Großeinsatz von allerlei Schädlings-, Pflanzen- und Pilzbekämpfungsmitteln, beschönigend Pflanzenbehandlungsmittel genannt, unseren Fledermäusen besonders zu schaffen macht. Entweder finden sie überhaupt keine Nahrungsinsekten mehr, oder die Nachtjäger müssen sich an die noch lebenden, aber vergifteten Insekten halten. Die Folgen: Schadstoffe reichern sich an, vor allem im Fettgewebe der Fledermäuse. Spätestens dann, wenn die Winterschläfer von den angefressenen Fettreserven zehren, werden die Gifte in den Blutkreislauf geschwemmt – unter Umständen schon mit tödlichen Folgen. Erwachen die Tiere im Frühjahr aus dem Tiefschlaf, wird innerhalb kurzer Zeit sehr viel „Brennstoff" benötigt, um den

Fledermäuse und Schadstoffe

Fledermäuse stehen am Ende der Nahrungskette „Pflanze – Insekt – Fledermaus" und sind daher vergleichsweise hoch mit Schadstoffen belastet, wie chlorierte Kohlenwasserstoffe, z. B. Lindan, DDE (Abbauprodukt von DDT) und polychlorierte Biphenyle, kurz PCB. Die schwer abbaubaren Giftstoffe reichern sich besonders im Fettgewebe der Tiere an. Im Winterschlaf wird das gespeicherte Fett abgebaut. Die Gifte überschwemmen nach und nach den Körper und vergiften die Tiere.

Körper aufzuheizen. Die dabei plötzlich frei werdenden Schadstoffmengen reichen mitunter aus, um die Tiere akut zu vergiften. Auch die im Sommer neugeborenen Fledermausbabys bleiben nicht verschont. Die Milch, die sie trinken, stammt aus den Fettreserven der Mütter und ist daher mit Giftstoffen versetzt, ebenso wie die Muttermilch beim Menschen.

Fledermäuse leiden auch unter Quartiernot. Den sogenannten Hausfledermäusen (s. Seite 39) wird ihre Vorliebe für menschliche Behausungen zum Verhängnis. Die Bauweise hat sich grundlegend geändert, es wurde umgebaut und renoviert, alte Bausubstanz dazu vernichtet. Lückenlose Isolierungen und Wärmedämmungen verhindern nicht nur, daß unnötig viel Energie verlorengeht: Wo Fugen und Ritzen in Dachböden und Kellern fehlen, können auch unsere Fledermäuse nicht mehr unterschlüpfen. Die Dachgeschosse vieler öffentlicher Gebäude wurden vergittert oder mit Brettern verschlossen, um die lästigen Stadttauben abzuhalten. Gelingt es den Fledermäusen dennoch, in ihre angestammten Quartiere einzudringen, müssen sie dort unter Umständen mit frisch aufgebrachten Holzschutz- und Imprägnierungsmitteln fertig werden. Nehmen sie nicht gleich Reißaus, können die Dämpfe die Tiere innerhalb von wenigen Stunden vergiften.

Um die Baumfledermäuse ist es nicht viel besser bestellt. Sie finden in unseren monotonen, auf Holzertrag ausgerichteten Wirtschaftswäldern kaum noch geeignete Verstecke. Baumveteranen mit teilweise abgelöster Rinde, mit geräumigen Fäulnis- und Spechthöhlen, die Fledermäusen als Quartier dienen könnten, sind selten geworden. Bei sogenannten Reinigungshieben werden sie regelmäßig gefällt, in städtischen Parks und Gärten auch aus Sicherheitsgründen entfernt.

Auch unter Tage kommen die Fledermäuse kaum noch zur Ruhe. Viele frei zugängliche Natur- und Schauhöhlen, Stollen und Besucherbergwerke sind für sie durch Höhlentouristen,

Mineraliensammler und Abenteuerlustige weitgehend wertlos geworden. Im Winterschlaf gestört, erwachen die Tiere. Der zusätzliche Verlust an lebenswichtigen Fettreserven kann sie derart schwächen, daß sie im Frühjahr ihr Quartier nicht mehr verlassen können (s. Seite 28). Ungestörte, zugängliche Bergwerksstollen sind dagegen rar. Werden sie aus Unwissenheit verschüttet oder zugemauert, hat das für Fledermäuse katastrophale Folgen. Die ortstreuen Tiere erreichen ihr Winterquartier nicht mehr und erfrieren. Werden sie versehentlich eingeschlossen, müssen sie verhungern.

Fledermäuse wurden seit jeher mit Vorurteilen belegt, sind vielen unsympathisch, ja, manch einer ängstigt sich auch heute noch vor den vermeintlichen Nachtgeistern. Derartige Fehleinschätzungen machen den harmlosen Flattertieren zusätzlich das Leben schwer, wenn sie mit dem Besen aus dem Haus gejagt, womöglich erschlagen oder ihre Ein- und Ausflugöffnungen zugestopft werden. Halten sich die Tiere dabei in ihrem Unterschlupf auf, ist ihr Schicksal besiegelt, unter Umständen der gesamte Fledermausbestand einer Region vernichtet.

Unsere Fledermäuse haben kaum natürliche Feinde, sicherlich aufgrund ihrer nachtaktiven Lebensweise. Lediglich Mardern, dem Iltis und manchen Eulen gelingt es mitunter, ihrer habhaft zu werden. Bei einer Untersuchung von 35 000 Gewöllen von Waldkäuzen wurden lediglich 34 Fledermäuse unter den Opfern gezählt.

Für den Rückgang der Fledermäuse ist sicherlich das Zusammenspiel aller Gefährdungsursachen verantwortlich – ein mitunter kompliziertes Wirkungsgefüge mit unterschiedlichen Konsequenzen für jede einzelne Art. Welche der Ursachen im einzelnen überwiegt, mag interessieren, ist aber für den dringend notwendigen Schutz aller Fledermäuse eher nebensächlich.

Nicht zu unterschätzen sind Hauskatzen. Sie können sich darauf spezialisieren, Fledermäuse vor ihrem Abflugloch abzufangen – und so den lokalen Bestand ausrotten.

Parasiten
Fast alle Fledermäuse plagen sich mit Parasiten. Sie sitzen im Fell, auf den Flughäuten und saugen das Blut der Tiere. Häufig sind Milben, Fledermausfliegen, Flöhe und Wanzen; Zecken dagegen relativ selten. Alle Fledermaus-Parasiten sind Spezialisten, also an ihren Wirt angepaßt. Einige bevorzugen bestimmte Fledermausarten. Sind die „Opfer" gesund, macht ihnen der Befall mit den Plagegeistern nicht viel aus.

Schützen – aber wie?

Fledermausfreunde sollten nicht nur über die Biologie ihrer Schützlinge Bescheid wissen, sondern auch über das notwendige juristische Rüstzeug verfügen. Auch aktiver Fledermausschutz ist nicht frei von Konflikten. Wenn alle Bemühungen fehlschlagen, alle Überzeugungsarbeit vergeblich ist, sollten wir notfalls um juristische Argumente nicht verlegen sein.

Das Bundesnaturschutzgesetz und die Bundesartenschutzverordnung sind die juristische Grundlage für alle Bemühungen, Quartiere zu schützen oder Lebensräume von Fledermäusen zu erhalten. Doch wir müssen uns vor Augen halten, daß auch unsere eigenen Aktivitäten, seien es Quartierkontrollen oder Erfassungen, durch die bestehenden Schutzgesetze eingeschränkt werden.

Erstmals wurden Fledermäuse durch das Reichsnaturschutzgesetz von 1936 und die ein Jahr später erlassene Naturschutzverordnung als „wildlebende Tiere" unter Schutz gestellt – ohne Erfolg, wie wir heute wissen. Gerade die letzten 50 Jahre waren für unsere heimischen Fledermäuse, und nicht nur für sie, die schlimmste Zeit. Erst im Jahre 1976 folgte das Bundesnaturschutzgesetz und 1980 dann die Bundesartenschutzverordnung, die alle europäischen Fledermäuse als „besonders geschützte Arten" ansieht und alle heimischen Nachtjäger unter „vom Aussterben bedroht" einstuft. Seither ist es verboten, Fledermäusen nachzustellen, sie zu fangen, zu verletzen oder gar zu töten. Aber auch wer sie an ihren „Nist-, Brut-, Wohn- oder Zufluchtstätten" aufsucht, fotografiert, filmt und dabei stört, macht sich strafbar. Bußgelder in schmerzlicher Höhe können verhängt werden.

Diese Gesetzesregeln gelten natürlich auch für ehrenamtliche Fledermausschützer. Auch wir haben unsere Untersuchungen und Beobachtungen den Bedürfnissen unserer Schützlinge unterzuordnen. Um sie nicht auch noch zu gefährden, sollten wir folgende Regeln besonders beachten:

– Wir suchen nie eine Wochenstube auf, wenn die Weibchen hochschwanger oder die Jungen noch sehr klein sind. Wir unterlassen daher Kontrollen im Juni und Juli.
– Wir kontrollieren Winterquartiere nur einmal, am besten Ende Januar bis Ende Februar, da zu dieser Zeit erfahrungsgemäß die meisten Fledermäuse im Quartier zu finden sind.
– Wir benutzen ausschließlich batteriebetriebene Lampen. Offene Feuer wie Kerzen, Fackeln oder Karbidlampen in Höhlen oder Stollen sind tabu.
– Wir beleuchten winterschlafende Fledermäuse nur

wenige Sekunden, um die Art festzustellen, und halten die Luft an, wenn wir uns den Tieren nähern. Wärmereize, sei es der Lichtstrahl der Taschenlampe, der Atem oder die Körperwärme, können schlafende Fledermäuse aufwekken.

- In der Nähe winterschlafender Fledermäuse vermeiden wir laute Geräusche und Erschütterungen.
- In Wochenstuben und Winterquartieren filmen und fotografieren wir grundsätzlich nicht, weil der Blitz und die Ladegeräusche die Tiere beunruhigen können.

Das Bundesnaturschutzgesetz ermöglicht aber auch, wertvolle Teillebensräume von Fledermäusen, also Stollen und Höhlen als Winterquartiere, einen Baum oder eine Baumgruppe mit bekanntem Sommerquartier, aber auch wichtige Jagdreviere unter Schutz zu stellen. Gerade der Erhalt naturnaher Landschaftsteile als Jagd- und Nahrungsrefugien für Fledermäuse ist wichtig, um die Tiere vor dem Aussterben zu bewahren. Bei fledermausbegeisterten Naturfreunden gerät dieser Aspekt ihrer Arbeit nur allzu leicht ins Hintertreffen – aus verständlichen Gründen. Ist es doch wesentlich einfacher, Fledermauskästen zu bauen und sie in ausgewählten Revieren fachgerecht aufzuhängen, als einen Teich vorm Zuschütten oder Austrocknen zu bewahren oder einen gerade noch naturnahen Landschaftsausschnitt, in dem Fledermäuse allabendlich jagen, unter Schutz zu stellen. Kurzgutachten, Anträge und Briefe müssen geschrieben, Behördenvertreter mündlich und schriftlich überzeugt werden. Hilft dies alles nichts, gilt es, die Öffentlichkeit zu informieren, Vorträge zu halten und Pressevertreter einzuladen. Dies ist nicht jedermanns Sache, zugegeben, aber für den effektiven Schutz oft wichtiger, als die regelmäßige Kontrolle aufgehängter Fledermauskästen oder der Winterquartiere. Es gibt zwei Wege, die wir einschlagen können:

1. Such dir Verbündete Das kann die Ortsgruppe des Deutschen Bundes für Vogelschutz (DBV) oder des Bundes für Umwelt- und Naturschutz (BUND) sein, ein persönlich bekannter Fledermausexperte oder ein Biologe an der nächsten Hochschule.

2. Versuch es selbst Ein Beispiel: Einem alten Baum mit Spechthöhle, die von Abendseglern bewohnt wird, droht die Gefahr, der Motorsäge zum Opfer zu fallen. Gespräche mit dem zuständigen Förster, den Baum zu verschonen, fruchten nicht.

Um den Baum zu retten, stellen wir einen Antrag, ihn als

An den
Landkreis Sowieso
Untere Naturschutzbehörde
Postfach

3456 Posemukel   Datum

Betrifft: Antrag auf Ausweisung als Naturdenkmal

Sehr geehrte Damen und Herren,

hiermit beantrage ich, ein Verfahren einzuleiten, um das im folgenden beschriebene Objekt als Naturdenkmal auszuweisen.
Im Forst „So-und-so" im Landkreis „Da-und-da" steht etwa 20 m ssw der Weggabelung Richtung „Posemukel" eine etwa 200 Jahre alte Eiche (Topographische Karte Nr. M 3456, Kopie s. Anlage). In diesem Baum befindet sich eine Spechthöhle, die von Fledermäusen, vermutlich Abendseglern, als Sommerquartier genutzt wird. Da nach § 1 der Bundesartenschutzverordnung Fledermäuse zu den am stärksten bedrohten Säugetierarten zählen und die Gefahr besteht, daß der Quartierbaum Durchforstungsmaßnahmen zum Opfer fällt, halte ich es für dringend notwendig, ihn zusammen mit dem Fledermausquartier unter gesetzlichen Schutz zu stellen.

Mit freundlichen Grüßen
Kuno Flattermann

Eine Durchschirft des Schreiben erhält die Fachbehörde (bzw. Landesanstalt) für Naturschutz

Anlage: Kartenkopie mit Standortmarkierung

Naturdenkmal auszuweisen. Grundlage ist § 17 im Bundesnaturschutzgesetz, demzufolge „Einzelschöpfungen der Natur" besonderen Schutz brauchen. Zuständig für die Ausweisung als Naturdenkmal sind die Unteren Naturschutzbehörden der Land- und Stadtkreise (siehe Formbrief).
Wir können uns auch dafür einsetzen, eine ganze Baumgruppe als sogenannten geschützten Landschaftsbestandteil ausweisen zu lassen, wofür in der Regel ebenfalls die Unteren Naturschutzbehörden zuständig sind.
Naturschutzgebiete weisen die zuständigen Bezirksregierungen aus. Um ein größeres Gebiet unter Schutz zu stellen, ist der erforderliche Schutz darin lebender Fledermäuse allerdings nur ein Teilargument.
Welche Behörde dafür zuständig ist, Naturdenkmäler, Geschützte Landschaftsbestandteile und Naturschutzgebiete auszuweisen, ist von Bundesland zu Bundesland unterschiedlich geregelt. Ein Anruf bei einem Naturschutzamt verschafft schnell Klarheit.

Um Fledermäuse zu schützen, müssen wir erst einmal herausfinden, wo sie leben, und dann bestimmen, um welche Art es sich handeln könnte. Da Fledermäuse dort jagen, wo Insekten fliegen, fällt es in der Regel nicht schwer, geeignete Reviere ausfindig zu machen. Bereits am Wohnort, in städtischen Parks mit Teichen, in Kleingartenkolonien, an Flußläufen und Kanälen können wir relativ schnell fündig werden. Es ist von Vorteil, sich für die ersten Schritte ein relativ überschaubares Gebiet in der Nachbarschaft auszusuchen. Von der zuständigen Naturschutzbehörde oder einem Fledermausschützer im Ort erfahren wir, ob für unser ausgewähltes Gebiet nicht schon Beobachtungsdaten vorliegen. Wenn nicht, kann die erste Exkursion losgehen.

Wir untersuchen Jagdreviere Als Hilfsmittel benötigen wir vorerst nur eine Taschenlampe mit kräftigem Lichtstrahl. Schon vor Sonnenuntergang beginnen wir, einzeln stehende Bäume, Waldschneisen, Lichtungen und Wasseroberflächen abzusuchen und später, bei Einbruch der Dämmerung, mit der Lampe systematisch abzuleuchten. Im starken Lichtstrahl der Lampe sind jagende Fledermäuse leicht zu sehen. Wir registrieren Ort, Uhrzeit und Anzahl und versuchen die Größe der Tiere abzuschätzen (Amsel-, Spatzen-, Zaunkönig-größe). Einige Arten wie der Abendsegler und die Wasserfledermaus sind anhand ihrer Größe, ihres Flugbildes und ihrer typischen Flugbewegungen durchaus so zu bestimmen (s. Seite 112ff.). Um Erfahrungen zu sammeln, sollten wir zu Anfang Exkursionen mit einem Fledermausexperten unternehmen. Er wird uns womöglich auch in die Handhabung eines sogenannten Bat Detectors einweisen. Dieses Gerät ist mit einem Spezialmikrofon ausgestattet und kann die für uns unhörbaren Ultraschallaute der jagenden Fledermäuse in hörbare Laute umwandeln (s. Kasten Seite 57).

Wir erfassen Sommer- und Winterquartiere Vor allem die sogenannten Hausfledermäuse (s. Seite 39) können im warmen Sommerhalbjahr durch systematische Kontrollen öffentlicher Gebäude wie Schulen, Kirchen, Rat- und Krankenhäuser, Schlösser und Burgen erfaßt werden. Im Winter versprechen kalte und feuchte Eis-, Bier-, Wein- und Kartoffelkeller Erfolg, die einzeln stehen und häufig mit Erde überdeckt sind, aber auch Wasserdurchlässe unter Straßen, alte Eisenbahntunnel und Höhlen sowie Stollen. Natürlich müssen wir uns vor der Suche mit einem etwaigen Besitzer oder Verwalter absprechen. Dies gilt insbesondere für die Kontrolle von Höhlen und Stollen. Schon aus Sicherheitsgründen

Wie wir Fledermäuse erfassen

Bat-Detector

Jagende Fledermäuse können wir auch in völliger Dunkelheit mit Hilfe eines sogenannten Bat-Detectors anpeilen. Inzwischen sind eine ganze Reihe von Geräten im Handel erhältlich. Alle bekannten Typen wandeln per Spezialmikrofon Ultraschall-Laute der jagenden, peilenden Fledermäuse in für uns hörbare Frequenzen um. Das in Großbritannien produzierte Gerät „QMC Mini-Bat-Detector" ist im Vergleich zu anderen Modellen preiswert und für unsere Absicht, Jagdreviere zu ermitteln und einige Arten zu bestimmen, völlig ausreichend.

Der Detector erfaßt insgesamt einen Frequenzbereich von 10 bis 160 kHz, die Tonqualität ist jedoch zwischen 20 und 50 kHz am besten. In diesem Frequenzbereich ruft und ortet die Mehrzahl aller bei uns heimischen Fledermausarten. Mit einem aufsetzbaren Schalltrichter ist es möglich, die Richtung der Rufe zu bestimmen. Am Frequenzrädchen des Gerätes drehen wir so lange, bis wir die ausgesendeten Rufe am deutlichsten hören. Die ermittelte Frequenz können wir an einer Skala ablesen.

Der Mini-Bat-Detector hat einen Lautstärkeregler, einen eingebauten Lautsprecher, aber auch eine Kopfhörer- oder Tonbandanschlußbuchse. Er wird mit zwei 1,5-Volt-Batterien (Typ Mignon) betrieben und ist mit 250 g Gewicht so leicht und klein, daß er in die Hosentasche paßt (Bezugsadresse siehe S. 124).

Es ist nicht einfach, mit dieser Methode Fledermäuse zu bestimmen, da die Ortungsrufe vieler Arten variieren und ihre lautesten Frequenzen oft dicht beieinander liegen. Um so mehr ist es notwendig, bei ersten Hörversuchen mit einem Fachmann zusammenzuarbeiten.

dürfen wir derartige Winterschlafplätze nicht allein aufsuchen. Erfahrungen haben die Fledermausexperten der Naturschutzbehörden, aber auch organisierte Höhlenforscher (Adressen s. Seite 120 ff.).

Nicht immer können wir unterscheiden, ob ein Dachstuhl von Fledermäusen besetzt ist, etwa weil die Tiere sich unsichtbar hinter eine Verschalung zurückgezogen haben. Eine Art einwandfrei zu bestimmen, ist dann um so schwieriger. Allerdings können wir uns behelfen: Ist ein Sommerquartier besetzt, zeugen frische, schwarzglänzende Kotkrümel unter dem vermuteten Hangplatz von ihrer Anwesenheit. Natürlich ist es auch möglich, daß unser Quartier verwaist ist und die Losungshaufen alt sind. Um sicher zu sein, ob das Quartier noch besetzt ist, entfernen wir die Kotkrumen und breiten altes Zeitungspapier unter dem Hangplatz aus. Finden wir bei einer Nachkontrolle frischen Kot, der sich zwischen den Fingern zu schwarzem Pulver verreiben läßt, können wir sicher sein: das Quartier ist besetzt.

Schon die Beschaffenheit des Kotes, seine Größe und Form läßt für den erfahrenen Fledermauskenner gewisse Rückschlüsse auf die Art zu (s. Kasten Seite 59). Der erfahrene Fledermaus-Fan hat natürlich zu Hause eine Sammlung mit Kotbrocken verschiedener Arten aus ihm bekannten Quartieren angelegt, mit denen er die Neufunde vergleichen kann. Eventuell ist es auch möglich, beim allabendlichen Ausflug die Art zu bestimmen. Sind wir immer noch unsicher, sollte der zuständige Fledermausexperte der Naturschutzbehörde entscheiden, ob es notwendig ist, eines der ausfliegenden Tiere mit einem Japannetz zu fangen (Sondergenehmi-

Fledermauskot

Oft sind die Kotkrümel unserer Schützlinge die einzigen Hinweise auf ihr Vorkommen. Hilfreich ist es daher, sich eine kleine Belegsammlung von Kot verschiedener Fledermausarten anzulegen, mit der wir Neufunde vergleichen können. Mit letzter Sicherheit können wir Fledermäuse anhand der Beschaffenheit des Kotes allerdings nicht bestimmen. Hinweise aus der Umgebung, die Anordnung des Kotes, das Versteck selbst und anderes mehr müssen herangezogen werden. Selbst dann ist die Bestimmung nicht einfach.
Fledermauskot sieht ähnlich aus wie Mäusekot. Dieser ist aber im frischen Zustand schmierig oder, wenn er alt ist, knochentrocken, so daß er sich nicht zerdrücken läßt.
Fledermauskot ist meist schwärzlich gefärbt und durchsetzt von glänzenden Partikeln, den Chitinteilchen von Insektenpanzern. Die Bröckchen lassen sich leicht zwischen den Fingern zerreiben, wobei sie in feste, krümelige Bestandteile zerfallen. Die Kotbrokken vieler Fledermausarten laufen am Ende spindelförmig zu. Langohrkot dagegen ist walzenförmig und an den Enden stumpf. Außerdem ist er meist etwas bräunlich gefärbt wegen der enthaltenen Schmetterlingsschuppen von Nachtfaltern. Die relativ großen Kotbrocken der Mausohren sind besonders grobkörnig und glänzend schwarz, da diese Tiere überwiegend Laufkäfer erbeuten.

Bestimmungshilfe für Fledermauskot

Kot-größe	Kotfund	Quartier frei einsehbar oder nicht	Art	Bemerkungen
groß	in Gebäuden	ja	Mausohr	frei hängend: Dachböden
	an Gebäuden	nein	Breitflügelfledermaus	verkriechen sich
	in Vogel- oder Fledermauskästen		Großer Abendsegler	selten in Kästen
mittel	in Gebäuden	ja	Fransenfledermaus Bechsteinfledermaus Langohrfledermaus	frei hängend: Dachböden
		nein	Wasserfledermaus	frei hängend: Dachböden
	an Gebäuden	nein	Wasserfledermaus Zweifarbfledermaus Nordfledermaus Mopsfledermaus	
	in Vogel- oder Fledermauskästen		Wasserfledermaus Teichfledermaus Langohrfledermaus Bechsteinfledermaus Fransenfledermaus Kleiner Abendsegler	
klein	in Gebäuden	nein	Bartfledermaus Zwergfledermaus	in Hohlschichten verkrochen
		ja	Hufeisennase	einzeln hängend
	an Gebäuden	nein	Bartfledermaus Zwergfledermaus	unter Verkleidungen

gung!). Meist wird man auch ohne Fang die Bestimmung sehr schnell auf 2, allenfalls 3 mögliche Arten eingrenzen können. Bei allem gilt natürlich das oberste Gebot, die Tiere nicht zu stören.

Ungleich schwieriger ist es, Baumquartiere der Waldfledermäuse zu ermitteln. Zwar können wir mit dem Bat-Detector recht schnell in der Nacht fliegende Fledermäuse feststellen, doch wissen wir noch nicht, woher sie kommen. Hier hilft nur systematisches Arbeiten weiter. Wir können versuchen, die Flugstrecke der von uns beobachteten Fledermäuse Abend für Abend zurückzuverfolgen. Dazu stellen wir die vermeintliche Richtung fest, aus der die Tiere geflogen kommen. Am nächsten Abend sind wir etwas früher im Gelände, postieren

Wie wir Fledermäuse erfassen

uns etwa 50 bis 100 Meter weiter in Richtung auf den vermeintlichen Abflugsort der Tiere und warten, ob unsere Flattermänner zu orten sind. Wenn sie nicht kommen, müssen wir unseren Standort korrigieren.

Nach einigen Tagen haben wir uns hoffentlich in die Nähe des Sommerquartiers vorgearbeitet und einige „verdächtige" Baumhöhlen entdeckt. Möglicherweise hören wir schon am Tage, ohne Bat-Detector, ob die Baumhöhle von Fledermäusen besetzt ist. Unter Umständen verraten sie ihre Sozialrufe. Aus tiefen Höhlen und dicken Bäumen dringt jedoch kaum ein Laut. Dann sollten wir in der Dämmerung kontrollieren, ob Fledermäuse ausfliegen.

Hängen in unserem Revier Vogelnistkästen, verständigen wir uns mit dem Betreuer, um sie mit ihm einmal im Frühherbst zu kontrollieren. Eine ganze Reihe von Fledermausarten nimmt regelmäßig derartige Nisthilfen in Anspruch, einige ziehen darin auch ihre Jungen groß.

Sind in unserem Revier zwar Fledermäuse, aber kaum geeignete Baumhöhlen, die sie im Sommer brauchen, können wir in Absprache mit einem Fledermausexperten überlegen, speziell konstruierte Kästen (s. Seite 70ff.) aufzuhängen. Sie verhelfen einerseits den Flattertieren zu neuen Quartieren, andererseits sehen wir durch regelmäßige Kontrollen sehr leicht, welche Arten sich in unserem Revier aufhalten.

Ein kleines Gebiet auf diese Art zu kontrollieren und zu bearbeiten ist zeitraubend und führt unter Umständen erst nach ein, zwei Jahren zu ersten Ergebnissen. Derartige systematische Kontrollen verhelfen jedoch nicht nur den Naturschutzbehörden zu wertvollen Daten, um die gemeldeten Vorkommen vor geplanten Eingriffen zu schützen. Sie ermöglichen darüber hinaus Einblicke in die heimliche Lebensweise der Waldfledermäuse und helfen, so manche Wissenslücke zu schließen.

Vor allem ältere Häuser bieten Fledermäusen an vielen Stellen Verstecke und Unterschlupf: offene Giebel, Dachluken und Dachziegel, Verschalungen, Fensterläden und Holzstapel. Fledermausbretter, fachgerecht angebracht, werden gerne angenommen.

Unsere heimischen Fledermäuse leiden unter Quartiernot. Ihnen mangelt es an geeigneten Sommerquartieren, an warmen, ungestörten Wochenstuben sowie an frostsicheren, feuchten und ruhigen Winterschlafplätzen. Aktive Fledermausschützer können, oftmals mit verhältnismäßig geringem Aufwand, besetzte Quartiere verbessern und sichern, aber auch neue Quartiere für zukünftige Generationen von Fledermäusen einrichten. Wenn wir nun Fledermauskästen bauen und aufhängen wollen, Dachböden herrichten oder

Quartierschutz: Dunkle Verstecke

Quartierschutz: Dunkle Verstecke

sogar einen künstlichen Fledermausstollen anlegen, sollten wir eine Regel nicht aus den Augen verlieren: Das Umfeld muß stimmen.

Ein Beispiel: Es hat wenig Sinn, an einzeln stehenden Bäumen inmitten einer intensiv genutzten Agrarlandschaft Fledermauskästen aufzuhängen. Wo es an Nahrung mangelt, bleiben auch die Flattermänner aus.

Ebensowenig sinnvoll ist es, unsere Kästen in einem Altholz aufzuhängen, in einem naturnahen Wald also, wo Spechthöhlen und ausgefaulte Astlöcher den Fledermäusen noch reichlich Unterschlupf bieten. Für den Schutz unserer Fledermäuse sind derartige Aktionen von zweifelhafter Bedeutung. Sinnvolle Möglichkeiten, Fledermäusen Quartiere anzubieten, gibt es genug:

Dachböden

Viele Fledermausarten beziehen gerne warme Dachböden. Nicht nur alte Gemäuer, auch modernere Gebäude sind geeignet, vorausgesetzt, die Tiere finden geeignete Einschlupfmöglichkeiten. Das können offene Fugen zwischen Dachziegeln, sogenannte Eulenlöcher, eine zersplitterte Dachfensterscheibe sein, ein offenstehendes Fenster oder Löcher im Mauerwerk. Sind die Zwischenräume zwischen den Dachpfannen verschmiert, können wir dem Besitzer anbieten, spezielle Fledermaus-Lüftungsziegel (Bezugsadresse s. Seite 124) aus Ton oder Beton einzusetzen, denen das herkömmliche Lüftungssieb fehlt. Die Öffnung von etwa 6 x 12 cm reicht für Fledermäuse völlig aus. Natürlich können wir auch aus vorhandenen Lüftungsziegeln das Sieb herausnehmen oder die Querstäbe herausbrechen (Genehmigung!). Wichtig ist nur, daß wir wenige Ziegel präparieren oder einbauen, da sonst starke Zugluft die Tiere vertreiben kann.

Zugängliche, aber unverschalte Dachböden mit geringen Versteckmöglichkeiten können wir für die Spaltenliebhaber unter den Fledermäusen herrichten, indem wir kleinere Flächen, etwa 1 bis 2 m^2, mit unbehandelten Holzbrettern verschalen (siehe auch Kasten Holzbehandlung).

Größere Öffnungen an Glockenstühlen von Kirchtürmen oder Erkern historischer Gebäude sind häufig mit Brettern abgedichtet oder mit Draht verschlossen, um Haustauben fernzuhalten. Wir sollten den Besitzer bitten, die Bretter gegen Maschendraht (Maschenweite 6 x 6 cm) austauschen zu dürfen.

Unschädliche Holzbehandlungsmittel

Borsalzmischungen enthalten:
Basilit UB
Kulbasal CKB

Permethrin enthalten:
Aidol-Anti-Insekt
Altarion BIO PER PI
Altarion Piperonol I
Basiment Holzschutzlasur
200 U 4930
Basileum-Holzwurm BV U155
Imprasanol-Holzwurmfrei
Kulbanol HB PM
Wolmanol-Holzwurmfrei
Xyladecor 200 U 4010
Xylamon Braun U 1010
Xylamon-Holzwurmtod U103
Xylamon-Holzwurmtod

Holzbehandlung

Mit giftigen Holzschutzmitteln behandelte Dachstühle sind für Fledermäuse lebensgefährlich. Noch 14 Monate nach der Behandlung können die Ausdünstungen des Dachgebälks die Tiere töten, wenn Lindan oder Pentachlorphenol enthaltende Mittel verstrichen wurden. Es ist verständlich, wenn ein Hausbesitzer auf eine Konservierung seines Dachstuhls nicht völlig verzichten möchte. Wenn wir von einer geplanten Renovierung erfahren, können wir ihn aber auf Holzschutzmittel hinweisen, die sich im Laborversuch als unbedenklich für Fledermäuse erwiesen haben. Sie enthalten als Wirkstoff Borsalzmischungen oder Permethrin. Auch praktische Erfahrungen von Gebäudesanierungen mit permethrinhaltigen Mitteln zeigen, daß in Fledermauskolonien keine Verluste entstehen. Muß bereits befallenes Holz behandelt werden, können wir durchaus auf chemische Mittel verzichten. Beim sogenannten Heißluftverfahren wird erhitzte Luft in den Dachstuhl geblasen, bis das befallene Holz sich auf über 80 °C erwärmt hat. Dieses Verfahren zerstört alle Eier, Larven und Puppen holzzerstörender Insekten und ist für Fledermäuse und für den Menschen völlig unschädlich. Anschließend kann mit einem unschädlichen Holzbehandlungsmittel konserviert werden. Natürlich sollte ein Dachstuhl nur behandelt oder renoviert werden, wenn die Fledermäuse abwesend sind, also im Herbst oder Winter, spätestens im Februar. Mindestens 4 Wochen vor dem Einzug der Fledermäuse muß die Behandlung abgeschlossen sein. Nach dieser Zeitspanne sind auch die austretenden Lösemittel geruchlich nicht mehr wahrnehmbar.

Außenfassaden

Verschalte Außenfassaden oder zurückgeklappte Fensterläden bieten Zwerg- und Bartfledermäusen geeignete Verstecke. Schon ein leicht klaffendes Brett kann ausreichen, damit die Tiere zwischen Hauswand und Holz schlüpfen. Fehlen derartige Verstecke, kann ein Fledermausbrett (50 x 60 cm oder größer) helfen, das wir an der Außenfassade befestigen. Es sollte seitlich und oben auf Leisten aufliegen. Die Seitenleisten sind am unteren Ende 5, am oberen 2 cm hoch. Das derart eingerichtete Spaltenversteck wird nach oben zu schmäler, und Fledermäuse können sich den Bereich aussuchen, der ihnen am meisten zusagt. Wenn die Hauswand und die unbehandelten Bretter rauh sind, können sich die Tiere dann besser halten. Am besten wählen wir die wärmere Süd-oder die Ostseite, um unser Fledermausbrett anzubringen.

Dacheinfassungen von Flachbungalows und Garagen aus Holz werden häufig von Fledermäusen im Sommer besiedelt. Auch Rollädenkästen nehmen sie in Besitz. Um die Tiere nicht zu gefährden, sollten die Rolläden nicht heruntergelassen werden, bis die Tiere im Herbst wieder abfliegen.

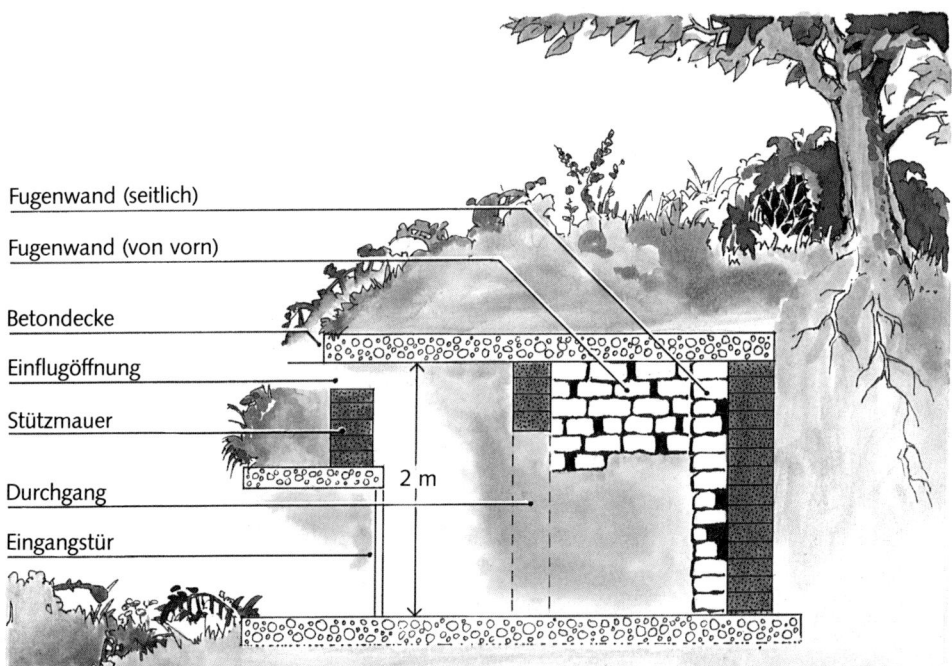

Fugenwand (seitlich)

Fugenwand (von vorn)

Betondecke

Einflugöffnung

Stützmauer

Durchgang

2 m

Eingangstür

Kellerräume

Kühle, feuchte Kellerräume kommen für Fledermäuse als Winterquartier in Frage. Wer über einen ungenutzten Keller verfügt, kann ihn durch ein leicht geöffnetes Fenster zugänglich machen. Besser als Winterquartier geeignet sind separate, mit Erde abgedeckte Eis-, Bier-, Wein- oder Kartoffelkeller. Sollte keine Öffnung vorhanden sein, können wir einen Ziegelstein entfernen, um den Fledermäusen Einschlupf zu gewähren.

Übererdete Bunker, stillgelegte Eisenbahntunnel, Wasserdurchlässe unter Straßen kommen neben Stollen, Schächten und Höhlen als Winterquartier für Fledermäuse in Betracht. Sie können für Fledermäuse hergerichtet und, wenn Fledermäuse sie regelmäßig aufsuchen, vor Störungen gesichert und geschützt werden. Selbstverständlich setzen wir uns mit den zuständigen Behörden, seien es das Forstamt, die Bundeswehr, die Untere Naturschutzbehörde des Landkreises, in Verbindung, bevor wir prüfen, ob die Objekte geeignet sind. Winterquartiere für Fledermäuse müssen bestimmte Voraussetzungen erfüllen. Sie sollten:
– frostfrei, aber kühl (+3 bis +9 °C) sein,

Auch ein unterirdischer Kellerraum läßt sich als Winterquartier für Fledermäuse herrichten. In die Fugenwand müssen Lücken gemauert werden, damit sich die Fledermäuse darin verkriechen können.

- eine hohe Luftfeuchtigkeit haben (90 bis 100 %),
- störungsfrei sein,
- Bereiche ohne Zugluft aufweisen,
- genug Vorsprünge und rauhes Gestein, Spalten, Klüfte und Fugen aufweisen, damit die Tiere sich aufhängen oder verkriechen können.

Mit Erde bedeckte Bunker erfüllen zwar die besonderen mikroklimatischen Bedingungen der Fledermäuse recht gut, ihnen fehlen aber meist geeignete Verstecke und Hangplätze. Wir können als Ersatz Hohlblocksteine, möglichst aus rauhem Bims, mit den Öffnungen nach unten oder zur Seite unter die Bunkerdecke dübeln oder mit Metallwinkeln anbringen (Abbildung Seite 69). Die Löcher der Steine werden als Versteck angenommen. Weiterhin ist es möglich, sie so aufzuschichten, daß die Fledermäuse in die seitlich oder auch hochkant ausgerichteten Löcher kriechen können. Auch gemauerte Wände mit absichtlich angelegten Lücken (2 bis 5 cm breit) sind denkbar. Einige Fledermausarten verkriechen sich im Bodengeröll. Etwas Bruchgestein, zu einem Haufen geschichtet, bietet ihnen geeignete Versteckplätze.

Höhlen, Stollen und Schächte
Natürliche und künstliche Hohlräume unter Tage gehören zu den ursprünglichen Quartieren von Fledermäusen. In unseren Breiten werden sie vorwiegend als Zwischen- und Winterquartier genutzt. Doch gerade in regional bekannten und daher häufig besuchten Höhlen und Stollen sind die winterschlafenden Fledermäuse gefährdet. Derartige Untertagequartiere müssen zumindest im Winterhalbjahr verschlossen

Einen Höhleneingang zuzumauern und dabei ein Gitter einzubauen, ist eine Möglichkeit, Höhlenquartiere für Fledermäuse zu sichern.

Stollen, Höhlen und Bunker lassen sich fledermausfreundlich verschließen. Wichtig ist, eine Einflugöffnung (etwa 15 x 30 cm) auszusparen. Erdkröten und Feuersalamander können durch eine Öffnung am Boden hineinkriechen.

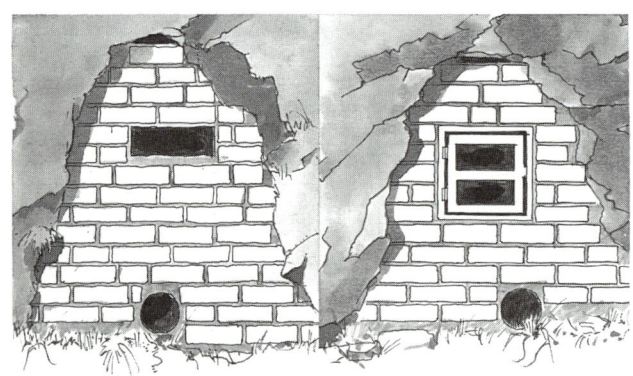

werden. Verschiedene, zum Teil wieder herausnehmbare Gitterkonstruktionen haben sich bewährt. Welcher Verschluß am besten geeignet ist, sollten wir immer mit einem höhlenerfahrenen Fledermausexperten absprechen (Adressen s. Seite 120 ff.). Wichtig ist: Der Verschluß muß ausreichend stabil sein, damit er nicht im Handumdrehen wieder aufgebrochen wird. Ein Schild sollte darüber aufklären, warum der Stollen über den Winter verschlossen wurde. Es sollte allerdings so angebracht werden, daß es nicht unnötig Interessenten auf das Quartier aufmerksam macht.

Für stillgelegte Stollen tragen die ehemaligen Nutzer bzw. Betreiber die Verantwortung, wenn Unfälle passieren. Für sie ist es daher einfach und billig, den Stolleneingang zuzuschütten. Wir sollten uns dafür einsetzen, den Verantwortlichen die fledermausfreundliche Gitterlösung schmackhaft zu machen. Da die Kosten der Installation häufig die Naturschutzbehörden übernehmen, haben wir ein zusätzliches Argument, den Stollen durch ein festinstalliertes Gitter zu sichern und gleichzeitig mögliche Unfälle zu verhüten.

Stark einsturzgefährdete Stollen sollten wir zumauern lassen, wobei wir für Fledermäuse eine Einflugöffnung (etwa 10 x 30 cm) in mittlerer Höhe schaffen, für andere Kleinsäuger und Amphibien einen Spalt (20 x 30 cm) am Fuß der Mauer (s. Abb.).

Eisenbahntunnel

Stillgelegte, zum Teil schon etwas zugewachsene Eisenbahntunnel eignen sich hervorragend für überwinternde Fledermäuse. Je länger sie sind, um so besser. Da die meisten Tunnel gemauert sind, finden Fledermäuse genügend ausgebrochene Fugen und Nischen als Versteck. Wo nötig, können wir mit Hohlblocksteinen das Angebot an Versteckplätzen verbessern. Wichtiger ist es jedoch, eine der beiden Seiten eines solchen Tunnels zu verschließen, um starke Zugluft zu vermeiden. Bei derartig aufwendigen Projekten versteht es sich von selbst, daß wir einen Fledermausfachmann hinzuziehen. Wird eine Seite zugeschüttet oder -gemauert, sollten wir für überwinternde Amphibien am Fuß der Wand einen Durchlaß (20 x 30 cm) aussparen. Nur bei längeren Tunneln (ab etwa 400 m) können wir zusätzlich in den gemauerten Verschluß eine Einflugöffnung in mittlerer Höhe (ca. 10 x 30 cm) aussparen. Die zugängliche zweite Öffnung wird entweder vergittert oder in einer gemauerten Wand ein stabiles Gitter angebracht. Welcher Verschluß geeigneter ist, hängt in erster

Linie vom Durchmesser des Tunnels und von den entstehenden Kosten ab.

Wasserdurchlässe

Wasserdurchlässe unter breiten Straßen oder Bahndämmen eignen sich durchaus für überwinternde Fledermäuse, wenn sie Hangplätze aufweisen. Wir können die Attraktivität dieser Winterquartiere erhöhen, indem wir das obere Drittel der Durchlässe zu beiden Seiten mit Brettern oder Mauerwerk fachgerecht verschalen. Die wärmere Luft staut sich auf diese Weise unter der Decke, wodurch der Bereich frostfrei bleibt. Natürlich müssen derartige Baumaßnahmen mit der zuständigen Naturschutzbehörde und dem Straßenbauamt abgestimmt werden.

Künstliche Stollen

In den Niederlanden, hierzulande in Baden-Württemberg, Niedersachsen und Berlin, wird versucht, den Fledermäusen durch den Bau künstlicher Stollen Winterquartiere anzubieten. Beim Bau einer Straße kann zum Beispiel in dem entstehenden Damm ein T-förmiger Stollen aus Betonelementen gebaut werden, in dessen Seitengängen zusätzlich angebrachte Hohlblocksteine, rauher Putz und Bretter Hangplätze und Verstecke bieten. Damit der Stollen von Fledermäusen angenommen werden kann, müssen vor dem Bau bestimmte Bedingungen erfüllt sein:

– Das Gebiet um den Stollen herum sollte arm an Fledermauswinterquartieren sein, der künstliche Stollen gewissermaßen eine Lücke füllen.
– In dem Gebiet müssen im Sommer regelmäßig Fledermäuse vorkommen.

Doch selbst wenn alles zu passen scheint, ist nicht gewährleistet, daß Fledermäuse den Stollen jemals beziehen werden. So dauerte es allein 6 Jahre, bis ein in Berlin als Fledermauswinterquartier hergerichteter Keller von den Tieren akzeptiert wurde. Ob überhaupt und wie schnell Fledermäuse künstliche Stollen besiedeln, ist nicht bekannt.

Die Beispiele zeigen deutlich: Fledermausschutz kostet Geld. Ist es denn nun gerechtfertigt, Tausende von Mark für den Verschluß einer Höhle auszugeben, wenn unsere Flattermänner in einer ausgeräumten Landschaft ohnehin nichts mehr zu beißen haben? Oder andersherum gefragt: Ist „das bißchen Störung" durch Höhlentouristen nicht vergleichsweise harmlos angesichts der Nahrungsknappheit? Statt einer Ant-

Ob künstlich hergerichtete Stollen von Fledermäusen angenommen werden, ist umstritten.

Hohlblocksteine, in verschiedenen Stellungen geschichtet oder an Decken gedübelt, schaffen jedenfalls geeignete Verstecke.

Ein stabiles Gitter am Höhleneingang schützt die winterschlafenden Fledermäuse vor ungebetenen Besuchern. Vorteil dieser Konstruktion: Sie kann im Frühjahr wieder abgebaut werden, nachdem die Fledermäuse ausgeflogen sind.

wort ein Beispiel: In der Schwäbischen Alb haben Fledermausfreunde im Jahre 1977 zahlreiche Höhlen mit ausgeklügelten Stahltoren verschlossen, als dort die Bestandszahlen auf den Tiefpunkt gesunken waren. Seither hat sich die Zahl überwinternder Tiere in den gesicherten Höhlen fast verdreifacht, in zugänglichen Winterquartieren haben die Fledermäuse dagegen weiter abgenommen.

Fledermauskästen

Es ist durchaus möglich, unsere heimischen Fledermäuse mit speziell konstruierten Fledermauskästen anzusiedeln. Wichtig ist jedoch, daß wir das Gebiet sehr gut auswählen, in dem wir die Kästen aufhängen wollen. Vielfältige, naturnahe Landschaften mit reichlich Insekten kommen in Frage, in denen alte Baumbestände mit geeigneten Höhlen für unsere Fledermäuse jedoch rar sind.

Fledermauskästen werden von Waldfledermäusen als Sommerquartier bezogen, aber auch andere Arten wie Mausohr und Breitflügelfledermaus nutzen sie mitunter als Zwischenquartier. Wir kennen mittlerweile eine ganze Reihe verschiedener Kastentypen, rund oder flach gebaut, aus Holz oder Holzbeton. Ein Fledermauskasten sollte zugluftfrei sein, möglichst Vögel abhalten und die Tiere vor Mardern schützen. Bretter, die überlappend angeordnet sind, halten Zugluft fern. Rundliche Kastenkonstruktionen mit Einschlupfröhre verwehren Mardern den Zugriff zum oberen Abschnitt. Vögel dagegen sind schwer davon abzubringen, die Kästen in Beschlag zu nehmen. Patentlösungen gibt es bisher keine.

Wichtig ist, daß Fledermäuse den Kasten ungehindert von Zweigen oder Bäumen anfliegen können. Wir sollten ihn in 5 m Höhe an der Sonnenseite der Stämme aufhängen. Kästen, die den ganzen Tag der Sonne ausgesetzt sind, werden im Sommer jedoch zu heiß. Allerdings können sie im Frühjahr und Herbst ziehenden Fledermäusen als Zwischenquartier dienen. Im Herbst kontrollieren wir, ob die Kästen angenommen worden sind. Entweder die Tiere hängen noch darin, oder wir finden ihre Kotbrocken.

Nach unten offene Fledermauskästen aus Holz haben zwei Vorteile: Sie halten Vögel ab und sie können leicht kontrolliert werden. Dachpappe verhindert, daß Spechte den Kasten behämmern.

Kann man Fledermäuse umsiedeln?

Hausbesitzer stellen Fledermausschützern nicht selten die Frage, ob es nicht möglich sei, die mißliebigen Untermieter einfach umzuquartieren. Die Antwort: Im Prinzip nein.

Fledermäuse sind nämlich wählerisch. Sie haben ihr Quartier nach ganz bestimmten Gesichtspunkten wie Wärme, Enge, Zugänglichkeit ausgesucht. Wichtiger noch: Fledermäuse sind fest an ihr Quartier gebunden, sie bilden im Laufe der Jahre eine Art Tradition aus. Setzen wir sie in ein anderes Versteck, um sie dort anzusiedeln, würden die Tiere schon bald zu ihrem angestammten Quartier zurückkehren.

Lediglich im Notfall, wenn der Abriß eines fledermausbesetzten Hauses nicht zu verhindern ist, sollten wir dafür sorgen, daß die Kolonie nicht vernichtet wird und Fledermäusen ein ähnliches Versteck anbieten. Besser ist es ohnehin, darauf zu drängen, den Abriß auf den Herbst zu verschieben, wenn das Quartier nicht besetzt ist.

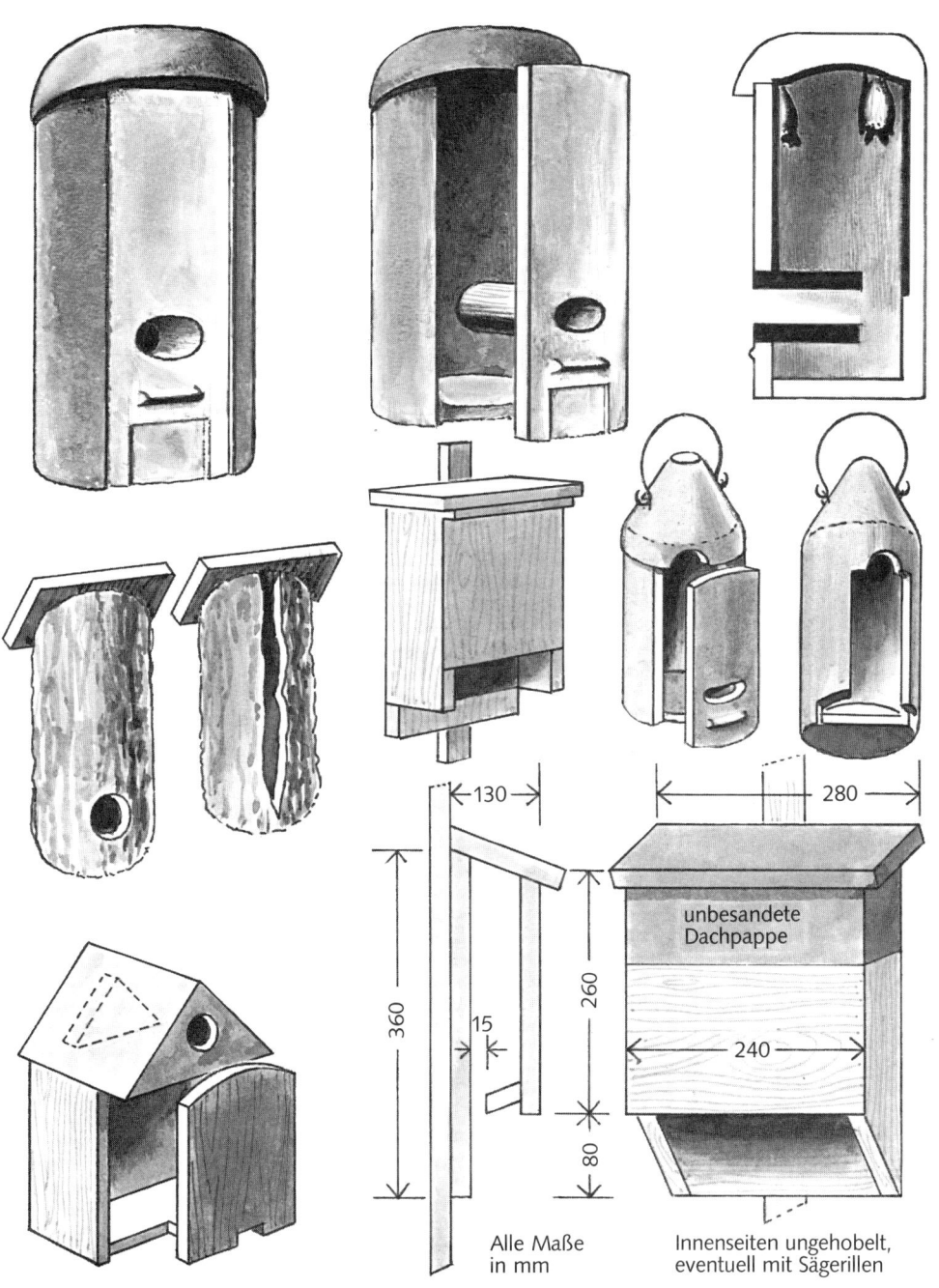

130

280

360

15

260

240

80

unbesandete
Dachpappe

Alle Maße
in mm

Innenseiten ungehobelt,
eventuell mit Sägerillen

Quartierschutz: Dunkle Verstecke

Tollwut: Eine neue Gefahr?

Kaum daß die mühsame Aufklärungsarbeit über die harmlosen Nachtgeister Früchte trägt, erschüttern Nachrichten über tollwutinfizierte Fledermäuse in Dänemark, aber auch in Norddeutschland, die Öffentlichkeit. Horrorartikel wie „Tollwütige Fledermaus überfiel schlafendes Kind – sie biß sich in Hals fest" schüren zusätzlich das Mißtrauen, wecken erneut Urängste den bedrohten Mitgeschöpfen gegenüber. Aufklärung tut daher not.

Tollwut- oder auch Lyssaviren bei Fledermäusen sind im Ausland bereits seit Jahrzehnten bekannt. Hierzulande wurde erstmals 1954 eine „tollwut-positive" Fledermaus entdeckt. Untersuchungen von tollwütigen Tieren, die in den letzten Jahren gefunden wurden, haben gezeigt, daß das Virus dem in Südafrika bekannten Stamm „Duvenhage" zuzurechnen ist. Es ist nicht identisch mit dem bekannten Erreger der Haus- und Wildtiertollwut und auch nicht mit dem in Nord- und Südamerika in Fledermäusen nachgewiesenen Virus der Wildtiertollwut. Wann und wie der „Duvenhage"-Virus eingeschleppt wurde, ist unbekannt. Doch wichtiger für alle, die beruflich oder ehrenamtlich mit wildlebenden Fledermäusen umgehen, ist die Frage, ob das „Duvenhage"-Virus auf den Menschen übertragbar ist und welche Folgen eine Infektion hat. Der Entdecker des Virus starb an den Folgen eines Fledermausbisses in die Lippe. 1985 verstarb ein schwedischer Fledermausexperte, der bei seiner Arbeit in Finnland, der Schweiz und in Malaysia von Fledermäusen gebissen wurde. Der gefundene Erreger war kein „Duvenhage"-Virus.

Fest steht, die Krankheit braucht längere Zeit, um auszubrechen. Vieles deutet darauf hin, daß die Inkubationszeit sogar bis zu 1 Jahr betragen kann. Zeit genug also, um rechtzeitig zu impfen.

Wie gelangt das Virus nun in die ausschließlich Insekten fressenden Fledermäuse? Auf keinen Fall durch den Verzehr blutsaugender Mücken oder Fliegen, wie man meinen könnte. Das Virus ist in Insektenleibern nicht lebensfähig. Eher schon durch soziales Belecken, Rangeleien und Beißereien untereinander. Voraussetzung ist, das Virus gelangt in eine Wunde oder auf dünne Schleimhäute. Ob Beutegreifer wie Katzen, Marder oder Füchse das Virus auf Fledermäuse übertragen haben, ist nicht geklärt. Dänische Forscher untersuchten mehr als 150 Säuger in einem Gebiet mit infizierten Fledermäusen. Resultat: Keines der Tiere war Virusträger. Möglich erscheint, daß afrikanische Fledermäuse das Virus auf „Langstreckenwanderer" wie Abendsegler und Langflügelfledermaus übertragen haben, die immerhin auch in Nordafrika heimisch sind.

Für Fledermäuse ist die Tollwutinfektion tödlich. Hierzulande sind fast ausschließlich Breitflügelfledermäuse betroffen. Sollte sich das Virus in lokalen Beständen der Tiere ausbreiten, befürchten Experten, daß die Vorkommen zusammenbrechen können.

Nur wer aufgefundene Fledermäuse mit bloßen Händen anfaßt, läuft Gefahr, gebissen und damit womöglich infiziert zu werden. Von Fledermausquartieren oder von in der Luft nach Insekten jagenden Tieren geht keinerlei Risiko aus, denn Fledermäuse, ob infiziert oder nicht, greifen Menschen nicht an.

Um das zwar geringe, aber vorhandene Risiko einer Infektion auszuschließen, sollten Fledermausfreunde, aber auch Hausbesitzer mit „Untermietern" folgende Regeln beherzigen:

1. Regel Fledermäuse sollten wir generell nur mit derben Handschuhen anfassen (vorausgesetzt, es ist notwendig und durch die zuständige Naturschutzbehörde erlaubt worden!). Dies gilt insbesondere für geschwächt aufgefundene Tiere. Der Fund ist dem Fledermauskundler der zuständigen Naturschutzbehörde zu melden (Adressen s. Seite 120ff.).

2. Regel Für „Risiko"-Personen, also amtliche und ehrenamtliche Fledermausforscher, Quartierbetreuer und Helfer, die regelmäßig Kontakt mit Fledermäusen haben, empfiehlt die Weltgesundheitsorganisation WHO eine Schutzimpfung mit Impfstoffen (Rabipur, Rabivag, Fa. Behring).

3. Regel Wer Fledermäuse nicht stört, kommt mit ihnen auch nicht in Berührung. Dies gilt insbesondere für die Zeit der Aufzucht der Jungen. Sollte einmal ein Jungtier aus der Weibchenkolonie herabfallen (Dachboden) und hilflos auf dem Boden liegen, kann man mit Handschuhen das Tier vorsichtig zurückhängen.

Sollte doch einmal eine Fledermaus durch die Haut zwicken, ist es ratsam, auf die Bißstelle ein Hautdesinfektionsmittel aufzutragen. Die Viren werden dadurch inaktiviert. Trotzdem sollte der Gebissene sich umgehend impfen lassen. Auskünfte erteilt das Gesundheitsamt. Zusätzlich muß auch der „Übeltäter" beim staatlichen Veterinäruntersuchungsamt untersucht werden. Ist das Resultat negativ, kann man auf weitere Injektionen verzichten.

Unsere heimischen Fledermäuse

In Europa leben 5 Fledermausarten aus der Familie der Hufeisennasen. Zwei davon, die Kleine und die Große Hufeisennase, sind in der Bundesrepublik beheimatet. Ihr ungewöhnlicher Name rührt von dem häutigen, hufeisenförmigen Nasenaufsatz her. Folgende Elemente können wir unterscheiden: das Hufeisen unterhalb der Nasenlöcher, den Sattel, der in der Mitte aus dem Nasenaufsatz hervorragt und die nach oben gerichtete dreieckige Lanzette. Dieses komplizierte Hautgebilde der Hufeisennasen ist von Art zu Art verschieden. Seine Aufgabe ist es, die aus den Nasenöffnungen abgegebenen Ultraschallrufe zu bündeln und wie mit einem Schalltrichter zu verstärken. Die Ortungsrufe der Hufeisennasen gehören zum sogenannten cf-Typ mit „frequenzmoduliertem Endteil" (s. Seite 21).

Allen Hufeisennasen fehlt der für Glattnasen (s. Seite 18) typische Ohrdeckel (Tragus). Ihre Ohren sind unabhängig voneinander beweglich, was für die Ultraschallortung von Vorteil ist. In Ruhestellung hängen sie stets frei mit dem Kopf nach unten und hüllen dabei ihre Flughäute schützend um den Körper. Der kurze, gestutzte Schwanz wird auf den Rücken umgeschlagen. Ein besonderer Mechanismus ermöglicht es den Hufeisennasen, beim Aufhängen die Sehnen und Muskeln der Füße zu entspannen. Hufeisennasen hängen stets auf Distanz zum Nachbarn, nie verstecken sie sich in Spalten. Sie sind sehr störungsempfindlich, erwachen leicht aus der Tagesschlaflethargie (s. Seite 24 ff.) und fliegen schnell ab. Dank ihrer breiten Flügel sind sie sehr wendig, schlagen Haken und können über kurze Strecken auch gleiten. Schnelle und ausdauernde Flieger sind sie aber nicht. Zusätzlich zu den beiden Milchzitzen stehen dem einzigen Jungen im Bereich der Geschlechtsöffnung ein Paar Haft- oder Scheinzitzen zur Verfügung, an denen es sich in den ersten Lebenstagen festsaugt. Die Hufeisennasen lieben die Wärme und sind daher eher im Mittelmeerraum heimisch. Hierzulande können wir sie nur noch vereinzelt in den südlichen Bundesländern antreffen.

Im Schlaf in Flughäute gehüllt, aber Kopf frei: Kleine Hufeisennase

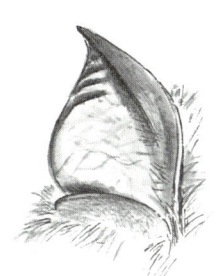

Kleine Hufeisennase *(Rhinolophus hipposideros)*
Kopf–Rumpf: 37–41 mm
Schwanz: 24–30 mm
Unterarm: 24–41 mm
Spannweite: 190–250 mm
Gewicht: 3,5–10 g
Höchstalter: 25 Jahre
Die Kleine Hufeisennase ist mit einer Länge von rund 4 cm die kleinste und zierlichste Art aus der Familie der Hufeisennasen. Ihr Rückenfell ist graubraun, der Bauch dagegen grau bis grauweiß. Die Fledermaus wirkt sehr weich und flauschig wegen ihrer verhältnismäßig langen und zarten Haare. Der Nasenaufsatz ist hell fleischfarben mit dunklem Anflug; ebenso die spitz ausgezogenen Ohren. Der Mittelkiel des Nasenaufsatzes ist im oberen Teil rundlich gewölbt, der untere Fortsatz dagegen deutlich länger und spitz. Die breiten Flügel und die Schwanzflughaut sind dunkelbraun.

Lebensraum und Verhalten   Kleine Hufeisennasen lieben die Wärme und bevorzugen hierzulande die klimatisch günstigeren südlichen Gefilde. Sie jagen gern in buschreichen, hügeligen und locker bewaldeten Landschaften. Dabei fliegen sie nie in großer Höhe, sondern streichen zwischen 1 und 5 m durchs oftmals dichte Geäst. Ihr Ziel ist, Insekten von den Blättern zu sammeln, die sie allerdings auch geschickt im Flug ergreifen können. Gewandte Wendungen und Haken auf engstem Raum bereiten der Kleinen Hufeisennase dank ihrer breiten Flügel keine Probleme. Ihr Flug wirkt dabei schwirrend. Erst nach Einbruch der Dämmerung, wenn es möglichst warm und windstill ist, schwärmen die Tiere aus und verbringen die ganze Nacht außerhalb des Quartiers. Beim Anflug an den Rastplatz schlagen die Kleinen Hufeisennasen eine Art Purzelbaum in der Luft, um sich, den Bauch zur Wand gekehrt, mit den Füßen aufzuhängen. Für ihre Wochenstuben bevorzugen die Weibchen warme Dachböden großer Gebäude, die tagsüber relativ hell sein dürfen. In südlichen Regionen beziehen sie Höhlen, Ruinen und Keller, in denen sich auch die Männchen dazugesellen.
Die Kleine Hufeisennase bringt lediglich ein Junges zur Welt. Das Jungtier wird von der Mutter fürsorglich mit den Flughäuten ummantelt. Es verfügt in den ersten Tagen nicht nur über die Brustzitzen zum Milchsaugen, sondern für einen besseren Halt auch über Zitzen im Bereich des Afters, an denen es sich festsaugen kann.
Im Winter suchen die Tiere natürliche Höhlen, Stollen und

Familie Hufeisennasen – Rhinolophidae

andere unterirdische Verstecke auf, die sehr feucht sein müssen (Luftfeuchtigkeit um 100 %). Kleine Hufeisennasen hängen immer frei an Wänden und Decken, den Körper völlig in die dunklen Flughäute wie in einen Umhang gehüllt. Die Kleine Hufeisennase ist ausgesprochen standorttreu. Sie wandert nur wenige Kilometer zwischen Sommer- und Winterquartier. Bis vor 25 Jahren war sie noch im Norden der Bundesrepublik heimisch. Diese Vorkommen sind allerdings in den letzten Jahrzehnten verschwunden, die Quartiere jetzt verwaist. Auch bundesweit ist die Art vom Aussterben bedroht. Kaum mehr ungestörte Quartiere, immer weniger Insektennahrung infolge der intensiven Nutzung ihrer Lebensräume durch Land- und Forstwirtschaft, womöglich auch das sich abkühlende Klima haben den Tieren arg zugesetzt.

Große Hufeisennase *(Rhinolophus ferrumequinum)*
Kopf-Rumpf: 56–69 mm
Schwanz: 30–43 mm
Unterarm: 51–61 mm
Spannweite: 330–400 mm
Gewicht: 16,5–40 g
Höchstalter: 26 Jahre
Die Große Hufeisennase ist die größte Art innerhalb der Familie der Rhinolophiden. In der Farbe ähnelt sie ihrer kleinen Verwandten. Das Rückenfell ist jedoch leicht rötlich, die Bauchseite cremefarben, das Tier insgesamt etwas heller. Auch das Fell gleicht dem der Kleinen Hufeisennase, so daß die Fledermaus sehr flauschig aussieht. Der Nasenfortsatz hat ein kurzes, abgerundetes Oberteil; das Unterteil ist ebenfalls kurz, wirkt aber leicht zugespitzt. Der Nasenaufsatz ist fleischfarben mit dunklen Rändern, ebenso die großen Ohren. Sie sind rundlich, laufen aber spitz zu. Die Flügel sind relativ breit und ebenso wie die Schwanzflughaut dunkelbraun gefärbt.

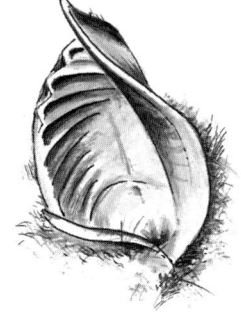

Lebensraum und Verhalten Die Große Hufeisennase kommt bei uns wie ihre kleinere Verwandte nur in wärmeren Gegenden vor. Auch den Lebensraum teilen sie sich: offene Waldlandschaften, strauchreiches, abwechslungsreich gegliedertes Gelände mit niederer Vegetation. Die Große Hufeisennase fliegt langsam wie ein Schmetterling und jagt ihre Beute vorwiegend im Flug. Große Insekten trägt sie zu einem Freßplatz, wo sie die Beute ungestört verspeisen kann. Die Flügel ihrer Opfer verschmäht sie gewöhnlich, so daß solche Freßplätze anhand der Überreste leicht zu erkennen sind.

Oberteil des Nasenfortsatzes
abgerundet, Bauch cremefarben:
Große Hufeisennase

Auch die Große Hufeisennase bricht erst nach Einbruch der Dunkelheit zu ihren Beutezügen auf. Als Wochenstube beziehen die Weibchen im Frühsommer oft großräumige, warme Dachstühle oder warme Keller, in die sie ungehindert einfliegen können. Beide Geschlechter kann man zusammen in den Wochenstuben antreffen. Erst mit 3 Jahren werden die Weibchen geschlechtsreif. Das einzelne Junge wird etwa ab Mitte Juni geboren und saugt sich in den ersten Tagen wie die junge Kleine Hufeisennase an Haftzitzen fest, erst später an den Brustzitzen.

Um zu überwintern, werden zugluftfreie, feuchte Höhlen und Stollen aufgesucht, in denen die Tiere kopfüber und mit durchgedrückten Kniegelenken hängen. In Ruhestellung hüllt sich die Große Hufeisennase in ihre Flughäute ein, wobei nur ein schmaler Spalt am Bauch frei bleibt. Wird das Tier im Winterschlaf gestört, zeigt es eine Art Schutzreflex: Es zieht sich mit einem Klimmzug an seinem Hangplatz hoch, wobei die Knie zitternd angewinkelt werden.

Die Große Hufeisennase wandert nur kurze Strecken zwischen Sommer- und Winterquartier. Hierzulande ist sie nur noch in den südlichen Bundesländern verbreitet. Allerdings wurden in den letzten Jahren in den Winterquartieren nur noch Einzeltiere mit überwiegend hohem Alter registriert. Die Fundorte liegen weit voneinander entfernt. Da Große Hufeisennasen nicht weit wandern, können sich die isolierten Vorkommen nicht mehr austauschen. Wann die äußerst bedrohte Art bei uns endgültig ausgerottet ist, hängt wohl nur noch von der Lebenserwartung der letzten Einzeltiere ab.

Familie Glattnasen – Vespertilionidae

In Europa sind 8 Gattungen der Glattnasenfamilie mit 25 Arten vertreten, in der Bundesrepublik 7 mit 20 Arten. Glattnasen fehlt der häutige Nasenaufsatz der Hufeisennasen, ihr Gesicht ähnelt eher dem eines Hundes. So liegen die Nasenlöcher an der Schnauzenspitze, die Ohren sind in der Regel klein, können fast völlig im Fell verborgen sein (Langflügelfledermaus), aber auch mehr als drei Viertel der Körperlänge erreichen (Langohren). Glattnasen haben einen häutigen, von Art zu Art sehr unterschiedlich geformten Ohrdeckel, den Tragus. Er ist wichtig für das Richtungshören. Glattnasen stoßen Ultraschallrufe aus dem Maul aus, weshalb sie auf Flugaufnahmen in der Regel mit geöffneter Schnauze zu sehen sind. Lediglich die Langohren können Ultraschall wahlweise aus Nase oder Schnauze ausstoßen. Die Ortungsrufe der Glattnasen gehören zum sogenannten fm-Typ (s. Seite 20) und überstreichen innerhalb kürzester Zeit einen großen Frequenzbereich. In der Ruhehaltung falten die Glattnasen ihre empfindlichen Flügel an den Körperseiten zusammen, wobei der lange Schwanz bauchwärts eingeklappt wird. Sie hängen einzeln oder in Trauben, oder aber sie verkriechen sich in Spalten und Fugen. Die Weibchen haben 2 Milchzitzen, lediglich die Zweifarbfledermaus hat 4, Scheinzitzen fehlen. Einige Arten sind dank ihrer schmalen, langen Flügel schnelle Flieger. Die ökologischen Ansprüche sind sehr unterschiedlich. Die kälteharte Nordfledermaus ist bis zum Polarkreis verbreitet.

Kleine Bartfledermaus *(Myotis mystacinus)*
Kopf–Rumpf: 25–45 mm
Schwanz:
Unterarm: 30–35 mm
Spannweite: um 220 mm
Gewicht: 5–10 g
Höchstalter: 19 Jahre

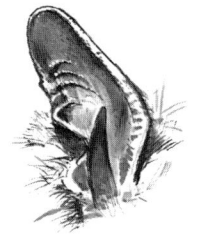

Die Kleine Bartfledermaus ist die kleinste Art der Gattung Myotis. Sie wurde erst in den 70er Jahren von der Großen Bartfledermaus unterschieden. Beide Fledermäuse gelten wegen ihrer großen Ähnlichkeit als sogenannte Geschwister- oder Zwillingsarten.

Das Rückenfell der Kleinen Bartfledermaus ist graubraun, oft mit einem umbrafarbigen Einschlag, der durch die hellen Haarspitzen noch betont wird. Da die Rückenhaare recht lang und kraus sind, sieht diese Fledermaus wie zerzaust aus. Ihr Bauchfell ist hellgrau und kann ebenfalls gelblich gefärbt sein. Ober- und Unterseite unterscheiden sich häufiger deutlich voneinander. Die Ohren sind relativ klein und schlank. Der Ohrdeckel ist lang, schmal und läuft spitz zu. Die Fledermaus wirkt insgesamt sehr dunkel, da Ohren, Gesicht und Flughäute fast schwarz sind. Die Schnauze, insbesondere die Oberlippe, ist auffallend stark und lang behaart. Die dunkel gefärbten Füße sind dagegen klein. Der Sporn der Schwanzflughaut ist etwa halb so lang wie der Hinterrand der Schwanzflughaut. Ein Epiblema fehlt.

Vom großen Bruder unterscheidet sich die männliche Kleine Bartfledermaus durch den gleichmäßig schlanken Penis. Bei beiden Geschlechtern fehlt ein Höcker (Proconulus) an den oberen Backenzähnen, der bei der Großen Bartfledermaus ausgeprägt ist. Der erste obere Vorbackenzahn ist deutlich

Ohren, Gesicht und Flughäute fast schwarz: Kleine Bartfledermaus

Oberkiefer

C^1 P^1 P^2 P^3

Penis

C$_1$ P$_1$ P$_2$ P$_3$

Unterkiefer

Kiefer und Penis der Kleinen Bartfledermaus

C = Eckzahn (Canini)
P = Vorbackenzähne (Praemolaren)

höher als der zweite. Die Nebenhöcker am hintersten Backenzahn sind stumpf und niedriger als am Zahn davor. Der erste untere Backenzahn ist zudem größer als der zweite. Die Kleine Bartfledermaus soll auf Störungen aggressiver reagieren als die Große.

Lebensraum und Verhalten Beide Bartfledermausarten leben bei uns in ähnlichen Regionen: in Wäldern, Parks und Gärten, an Flüssen und Bächen, oft auch in der Nähe von Ortschaften. Die Kleine Bartfledermaus jagt bevorzugt in Höhen zwischen 2 und 5 m. Ihr Flug ist lebhaft und schwirrend. Es kann vorkommen, daß sie einzeln stehende Menschen umfliegt und an diesen vermeintlichen Geländemarken nach Insekten jagt. Die Beute, vorwiegend kleinere Kerbtiere, wird im Flug gegriffen. Schon kurz nach Sonnenuntergang fliegen Kleine Bartfledermäuse aus dem Tagesquartier. In den Wochenstuben sammeln sich mitunter bis zu dreißig und mehr Tiere. Dabei zeigen sich die Kleinen Bartfledermäuse als ausgesprochene Liebhaber von Spalten. Enge Hohlräume an Gebäuden, Wandverkleidungen, Verschalungen, aber auch Baumhöhlen ziehen sie an. Männchen und die noch nicht geschlechtsreifen einjährigen Tiere suchen im Sommer ähnliche Behausungen auf, aber auch in Gesteinsfugen unter Brücken und Wasserdurchlässen wurden sie schon gefunden. In den Winterquartieren, hauptsächlich feuchte Höhlen und Stollen, zeigt sich ihre Vorliebe für die Enge. Gern kriechen sie in Gesteinsritzen, schmale Sinterfalten und Bohrlöcher. Einzeltiere wurden sogar schon im Bodengeröll entdeckt. In weit vom Eingang entfernt gelegenen Höhlenbereichen, die nicht vom Frost erreicht werden und klimatisch stabil sind, hängen sich Kleine Bartfledermäuse auch frei auf, allerdings in der Regel einzeln, selten in kleinen Gruppen. Die Geschlechter paaren sich im Winterquartier während der Wachphasen.

Kleine Bartfledermäuse verlassen kaum ihren angestammten Lebensraum, wie viele kleine Myotisarten. Nur in Ausnahmefällen legen sie mehr als 100 km, in der Regel deutlich geringere Strecken zwischen Sommer- und Winterquartier zurück.

Die Kleine Bartfledermaus ist bei uns nicht gerade häufig, scheint aber doch regelmäßiger verbreitet zu sein. Da es schwer ist, sie von der Großen Bartfledermaus zu unterscheiden, ist bisher wenig über ihre tatsächliche Verbreitung bekannt geworden. Nach bisherigem Wissen ist sie stark gefährdet.

Große Bartfledermaus *(Myotis brandti)*
Kopf–Rumpf: um 47 mm
Schwanz:
Unterarm: 32–37 mm
Spannweite: um 220 mm
Gewicht: 5–10 g
Höchstalter: über 19 Jahre

Die Große Bartfledermaus gleicht in vielen Merkmalen ihrer kleineren Schwester, der Kleinen Bartfledermaus. Ihre Fellfärbung ist ähnlich: der Rücken dunkelbraun mit gelben, meist auffälligen Haarspitzen. Die Ohren sind relativ klein und länglich. Der Ohrdeckel (Tragus) ist lang und spitz. Ebenso wie die Geschwisterart wirkt sie ausgesprochen dunkel durch ihr schwarzbraunes Gesicht, die dunklen Ohren und Flughäute. Bei älteren Großen Bartfledermäusen fällt der fleischfarbene Ohrdeckel und der an der Basis gleichgefärbte Vorderrand des Ohres auf. Bei der kleineren Schwester ist, wenn überhaupt, der tiefe Ohrgrund etwas aufgehellt. Eine starke, schwarze Behaarung um die Schnauze gilt auch für die Große Bartfledermaus als typisch. Die Füße sind eher klein und dunkel gefärbt, ihre Sporne etwa halb so lang wie der Hinterrand der Schwanzflughaut. Ein Epiblema fehlt auch ihr.

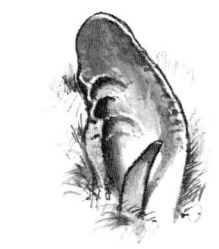

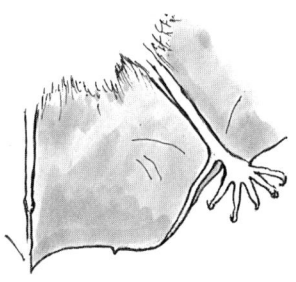

Im Gegensatz zur Kleinen Bartfledermaus ist der Penis bei erwachsenen Männchen keulenförmig verdickt. Alle oberen Backenzähne tragen einen Höcker (Pronunculus). Dabei sind die ersten Vorbackenzähne oben und unten nur wenig höher als die Backenzähne dahinter. Die Nebenhöcker am hintersten Backenzahn sind lang und spitz, dabei in etwa gleich hoch wie am davorgelegenen Backenzahn. Bei Störungen soll die Große Bartfledermaus friedfertiger reagieren als die temperamentvollere kleine Schwester.

Lebensraum und Verhalten Die Große Bartfledermaus scheint hierzulande mehr an Wälder gebunden zu sein. Im übrigen ähneln Lebensraum und Jagdrevier denen der Kleinen Bartfledermaus. In Parks und Gärten kann man Große Bartfledermäuse fliegen sehen, auch stehende Gewässer suchen sie auf. Ihr Flug ist ebenso temperamentvoll und schwirrend wie der ihrer kleineren Schwester. Auch sie fliegt überwiegend in Höhen von 2 bis 5 m und erbeutet dabei Kleininsekten. Ihr Quartier verläßt sie kurz nach Sonnenuntergang. In Wochenstuben finden sich in der Regel 60 bis 80 Weibchen zur gemeinsamen Aufzucht der Jungen ein. In Einzelfällen wurden jedoch schon bis zu 250 Tiere in einem einzigen Quartier gefunden. Gern zwängt sich die Große

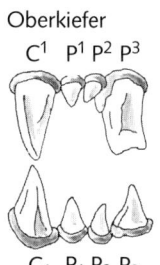

Oberkiefer
C^1 P^1 P^2 P^3

Penis

C_1 P_1 P_2 P_3
Unterkiefer

Kiefer und Penis der Großen
Bartfledermaus

C = Eckzahn (Canini)
P = Vorbackenzähne
(Praemolaren)

Schwarzbraunes Gesicht, im
Alter fleischfarbener Ohrdeckel:
Große Bartfledermaus

Bartfledermaus in enge Hohlräume. Sie gilt als Spaltenbe-
wohner. Dabei scheint sie eine ausgesprochene Vorliebe für
Häuser in Waldnähe zu haben. Sagen ihr die Bedingungen zu,
bezieht sie dort im Sommer Quartier.
Noch während sie die Jungen säugen, kommt es vor, daß sich
eine große Sommerkolonie der Großen Bartfledermaus in
mehrere kleine Gruppen aufspaltet. Die Jungen werden im
Flug ins Ausweichquartier transportiert, das unter Umständen ebenfalls schon nach kurzer Zeit wieder verlassen wird.
Es wird vermutet, daß die Tiere auf diese Weise dem allzu
starken Befall ihrer Verstecke durch Parasiten ausweichen.
Große Bartfledermäuse beziehen im Sommer auch Baum-
und Nisthöhlen sowie speziell konstruierte Fledermauskästen. Bei Kontrollen hat man sie darin zusammen mit
Rauhhaut- und Breitflügelfledermäusen gefunden. Auch ge-
mischte Wochenstuben – „Große Bärte" gemeinsam mit
„Rauhhäuten" – sind entdeckt worden.
Im Winter ziehen sich die Großen Bartfledermäuse in Stollen
und Höhlen zurück. Ähnlich wie ihre Schwesterart verstek-
ken sie sich in Spalten und Ritzen, hängen aber auch frei an
Decken und Wänden. Die Große Bartfledermaus zählt zu
den mehr oder weniger ortstreuen Arten, wandert also nur
über kurze Entfernungen (maximal 230 km) zwischen Som-
mer- und Wintereinstand. Sie wird ähnlich selten beobachtet
und gefunden wie die kleinere Art. Dennoch kann nicht endgültig gesagt werden, wie häufig sie ist, denn die Art ist
schwer bestimmbar, und es liegen zu wenig Einzelfunde vor.
Gleichwohl ist sie hierzulande zu Recht als stark gefährdete
Art eingestuft worden.

Familie Glattnasen – Vespertilionidae

Wimperfledermaus *(Myotis emarginatus)*
Kopf–Rumpf: 44–50 mm
Schwanz: 40–43 mm
Unterarm: 36–42 mm
Spannweite: 220–240 mm
Gewicht: 7,5–10 g
Höchstalter: 26 Jahre

Die Wimperfledermaus ist mittelgroß, ihr Rückenfell rötlichbraun gefärbt mit rostroten Haarspitzen. Der Bauch dagegen
ist gelblichgrau, ebenfalls mit rötlichem Anflug. Das Fell hat
eine deutlich wollige Struktur. Die Schnauze ist dunkel bis
fleischfarben, ebenso die Ohren. Besonders an ihrer Innen-
und Außenseite fallen kleine, warzenförmige Erhebungen in
Millimeter-Abstand auf. Die Form der Ohrmuschel ist
typisch: der äußere Rand im oberen Drittel deutlich recht-
winkelig eingebuchtet. Der schmale, sichelförmige Ohrdek-
kel läuft spitz aus. Die Flughäute sind dunkelbraun. Am Hinterrand der Schwanzflughaut ragen etwa 2 bis 3 Härchen pro
Millimeter hervor. Im Gegensatz zu denen der Fransenfledermäuse sind sie jedoch weich und gerade, bei einigen Tieren
fehlen sie ganz. Der Sporn ist halb so lang wie der Hinterrand
der Schwanzflughaut. Die Armflughaut reicht bis zu den
Zehenwurzeln.

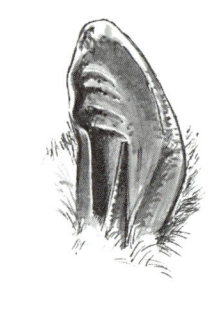

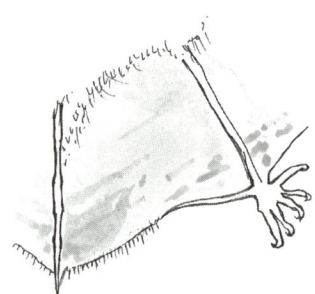

Lebensraum und Verhalten Wimperfledermäuse sind
wärmeliebend. Allerdings ist über die bevorzugten Jagdge-
biete dieser Art nur wenig bekannt. Man vermutet, daß sie in
Wäldern und parkartigem Gelände jagt. Dabei scheint sie
sich, ähnlich wie die Wasserfledermaus, gern in der Nähe von
Gewässern aufzuhalten. Sie fliegt in der Dämmerung aus und

steigt dabei in der Regel nicht höher als 15 m. Im Mittelmeerraum bezieht die Wimperfledermaus warme Höhlen als Wochenstube, in Mitteleuropa dagegen vorwiegend Dachböden, in denen die Tiere dann frei oder in geräumigen Nischen hängen. Die bekanntgewordenen Kolonien zählen im Mittel etwa 100 Exemplare. Wochenstuben wurden häufiger in der Nachbarschaft von Hufeisennasen entdeckt.

Wimperfledermäuse überwintern vorwiegend in langen Stollen oder Großhöhlen bei vergleichsweise hohen Temperaturen bis zu 9 °C. Sie sind ortstreu und legen kaum mehr als 40 km zurück. In Bayern wurde vor wenigen Jahren eine Wochenstube entdeckt. Darüber hinaus sind regelmäßig Tiere in Winterquartieren nachgewiesen worden, etwa am Kaiserstuhl, in der Pfalz und in Oberbayern. Die Art gilt dennoch als sehr selten und vom Aussterben bedroht.

Fransenfledermaus *(Myotis nattereri)*
Kopf–Rumpf: 42–50 mm
Schwanz: 32–43 mm
Unterarm: 36–42 mm
Spannweite: 220–260 mm
Gewicht: 5–10 g
Höchstalter: 17,5 Jahre

Die Fransenfledermaus ist eher mittelgroß, ihr Rückenfell hellbraun, der Bauch dagegen fast weiß und scharf abgesetzt. Die recht langen, schmalen Ohren sind an der Basis fast pigmentfrei. Sie wirken daher leicht rötlich durchscheinend, werden aber zur Ohrspitze und den Rändern hin zunehmend dunkler. Der Ohrdeckel überragt die halbe Ohrlänge, ist zugespitzt und ebenfalls fast unpigmentiert. Im letzten Drittel ist die Ohrmuschel der Fransenfledermaus typisch geschwungen. Ihr Gesicht ist fleischfarben und wenig behaart, die Flughäute dagegen sind graubraun. Insgesamt vermittelt die Fransenfledermaus einen hellen Eindruck. Ihre

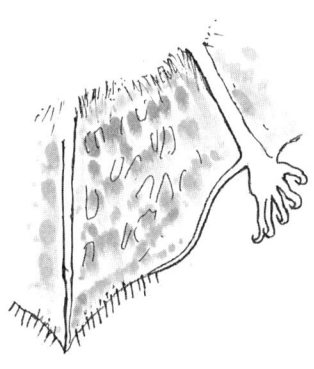

Füße sind klein, der Sporn ist typisch S-förmig geschwungen. Er erreicht etwa knapp die Hälfte des Hinterrandes der Schwanzflughaut. Dort tragen die Tiere deutlich gebogene, derbe Borsten – die namengebenden Fransen. Ein Epiblema fehlt. Die relativ breite Armflughaut reicht bis zur Basis der Zehen.

Lebensraum und Verhalten Lebensraum und zugleich Jagdbiotop der Fransenfledermäuse sind größere Wälder, auch Kiefernwälder (mit nahen Gewässern), aber auch ortsnahe, weiträumige Gartenlandschaften. Sie fliegen langsam,

Familie Glattnasen – Vespertilionidae

relativ geradlinig in geringer Höhe bis zu 5 m. Sie können aber auch geschickt zwischen den Blättern von Sträuchern und Bäumen jagen, wozu sich die breiten Flügel bestens eignen. Sie erbeuten Insekten im Flug, lesen sie aber auch von den Blättern ab. Dabei werden eher kleinere Kerbtiere als Nahrung bevorzugt. Fransenfledermäuse fliegen relativ spät aus und sind allenfalls in der fortgeschrittenen Dämmerung zu beobachten. Im Normalfall verbringen sie die ganze Nacht „außer Haus", lediglich säugende Weibchen kehren zwischendurch zu ihren Jungen zurück. Die zukünftigen Mütter beziehen Baumhöhlen, Vogel- und Fledermauskästen als Wochenstube, aber auch Hohlräume in Scheunen und Häusern. Die Kolonien sind klein, umfassen selten mehr als 30 Weibchen. Allerdings bilden Fransenfledermäuse große, aus mehreren Teilgesellschaften bestehende Quartierverbände, die miteinander in Beziehung stehen. Um die Jungen zu gebären, kommen die trächtigen Weibchen im größten Quartier der Gemeinschaft zusammen (bis zu 80 Tiere). Sofort nach der Geburt kehren sie in ihre kleineren Verstecke zurück. Die Männchen und noch nicht geschlechtsreifen Einjährigen bewohnen im Sommer ebenfalls Baumhöhlen und Nistkästen.

Im Winter ziehen sich alle Geschlechter in Höhlen, Stollen und Schächte zurück, aber auch in Eiskeller, Kellergewölbe und ungenutzte Eisenbahntunnel. Dort verkriechen sich die Fransenfledermäuse tief in feuchte Klüfte, Fugen und Bohrlöcher der wärmeren Bereiche, hängen sich kopfüber in Spalten auf oder, seltener, frei an Decken und Wände.

Gelegentlich hängen vier oder mehr Fransenfledermäuse

zusammen. Die Geschlechter paaren sich im Winter. Fransenfledermäuse sind ortstreu und wandern nur wenige Kilometer. Hierzulande sind sie bisher nicht allzu häufig nachgewiesen worden. Viele Funde verdanken wir der regelmäßigen Kontrolle von Fledermauskästen, in denen sich die Art offenbar gerne aufhält. In der Bundesrepublik gilt die Fransenfledermaus als stark gefährdet.

Bechsteinfledermaus *(Myotis bechsteini)*
Kopf–Rumpf: 46–53 mm
Schwanz: 34–44 mm
Unterarm: 39–44 mm
Spannweite: 250–280 mm
Gewicht: 7–14 g
Höchstalter: 21 Jahre
Die Bechsteinfledermaus ist eine mittelgroße Art und in Fell und Farbe leicht mit der Fransenfledermaus zu verwechseln: hellbraun bis rötlichbraun der Rücken, weißlich der Bauch. Besonders auffällig und typisch für die Art dagegen sind die tütenförmigen Ohren, die, nach vorn gelegt, weit über die Schnauze hinausragen. Der Ohrdeckel ist relativ lang, läuft spitz zu und ist am Ansatz wie der Ohrgrund hell fleischfarben und durchscheinend. Die Ohrränder stoßen an ihrer Basis nicht aneinander. Beim Schlafen werden die Ohrmuscheln nicht unter die Flügel geklappt, wie es für Langohren typisch ist. Das wenig behaarte Gesicht ist fast pigmentfrei. Der letzte Schwanzwirbel ragt aus der Schwanzflughaut heraus. Der gerade Sporn nimmt knapp die Hälfte der Hinterkante der Schwanzflughaut ein und trägt kein Epiblema.

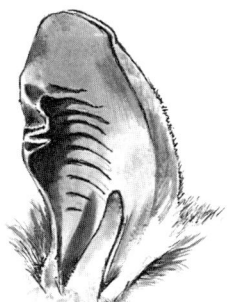 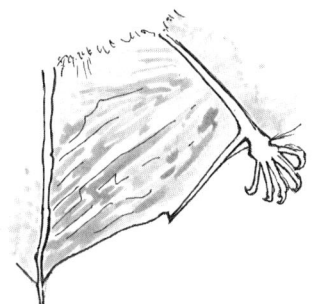

Lebensraum und Verhalten Bechsteinfledermäuse bevorzugen feuchte, naturnahe Laub- und Mischwälder mit dichtem Unterholz sowie Feldgehölze und Parks mit angrenzenden Gewässern. Sie verlassen erst nach Einbruch der Dämmerung ihr Versteck. Ihr Jagdflug ist langsam. Sie fliegen nur in geringer Höhe, meist unter 5 m, und fangen dabei vorwiegend kleine Nachtschmetterlinge. Allerdings sind sie auch in der Lage, ihre Beutetiere von Blättern und Zweigen abzulesen.

Bechsteinfledermäuse gelten als ausgesprochene Waldfledermäuse, das heißt sie leben im Sommer fast ausschließlich in Baumhöhlen, hinter lockerer oder aufgesprungener Rinde, aber auch in künstlichen Nisthöhlen und Fledermauskästen. In Wochenstuben werden selten mehr als 20, in der Regel 5 bis 10 Weibchen angetroffen. Bechsteinfledermäuse sind unstet. Die Schlafgesellschaften der Weibchen mit ihren Jungtieren können plötzlich ein anderes Quartier aufsuchen, das verlassene Versteck wiederum durch eine andere Gruppe bezogen werden. Womöglich versuchen die Tiere so, den lästigen Befall mit Parasiten gering zu halten. Doch gleichzeitig lernen die Jungen aber auch unterschiedliche Jagdreviere und Tagesschlafplätze kennen. Mitunter werden Bechsteinfledermäuse in Ställen oder auf Dielen beobachtet, wie sie frei an Deckenbalken baumeln. In derartigen Zwischenquartieren paaren sich die Geschlechter, wobei sie der Betrieb in den Räumen nicht sonderlich zu stören scheint. Mitunter kommt es vor, daß sie dort gleich ihre Wochenstube einrichten.

Als Winterversteck dienen Felshöhlen, Stollen und Gewölbekeller. Dort hängen die Tiere frei kopfüber an Decken und Wänden. Bemerkenswert ist, daß Bechsteinfledermäuse ihre Winterquartiere häufiger wechseln, als die meisten anderen

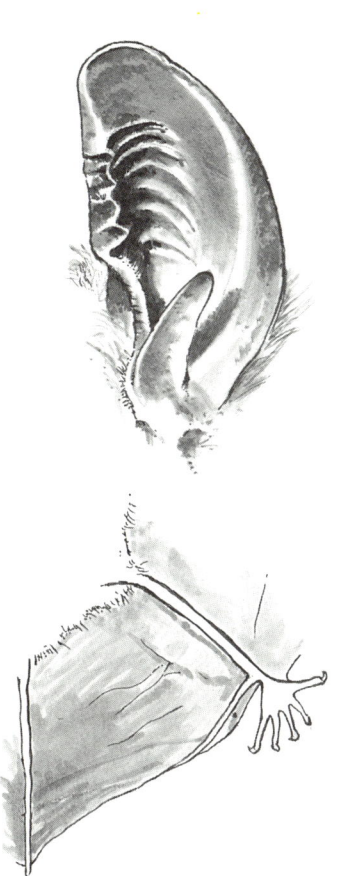

Fledermausarten der Gattung Myotis. Sie wandern zwischen Sommer- und Winterquartier, wenn überhaupt, nur wenige Kilometer. Bechsteinfledermäuse sind bundesweit recht selten und stark gefährdet, auch wenn sie regional etwas häufiger auftreten können.

Mausohr *(Myotis myotis)*
Kopf–Rumpf: 65–80 mm
Schwanz: 48–60 mm
Unterarm: 53–68 mm
Spannweite: um 400 mm
Gewicht: 18–45 g
Höchstalter: 28 Jahre

Das Mausohr ist die größte bei uns heimische Fledermausart, weshalb sie früher auch Riesenfledermaus genannt wurde. Ihr Rückenfell ist graubraun bis braun gefärbt, die Unterseite fast weiß und deutlich abgesetzt. Die Ohren sind recht groß, fleischfarben mit dunklem Anflug und ledrig glänzend. Der helle Ohrdeckel erreicht knapp die halbe Ohrlänge, hat eine breite Basis und läuft spitz zu. Das Gesicht des Mausohrs ist kaum behaart und fleischfarben, die Schnauze dunkel, die Flughäute graubraun. Die Füße sind vergleichsweise klein, die Sporne sind kürzer als die Hälfte des Hinterrandes der Schwanzflughaut. Ein Epiblema ist nicht vorhanden, wohl aber ein kielartiger Saum auf der freien Seite des Sporns. Der letzte Schwanzwirbel ragt etwas aus der Schwanzflughaut hervor.

Lebensraum und Verhalten Das Mausohr bevorzugt wärmere Klimazonen und ist deshalb im Süden häufiger. Es jagt

Die größte bei uns heimische Fledermaus: Mausohr

Familie Glattnasen – Vespertilionidae
87

gern an Waldrändern und Lichtungen, aber auch in Wäldern, an Feldgehölzen und Hecken sowie in der Nähe von Ortschaften. Es fliegt langsam, relativ geradlinig und jagt in der Regel in einer Höhe von 6 bis 8 m. Erst bei völliger Dunkelheit verlassen Mausohren ihr Quartier, um Nahrung zu suchen. Tatsächlich erbeuten sie den größten Teil ihrer Opfer direkt auf dem Boden. Sie können Laufkäfer, die sie bevorzugen, hören und zusätzlich mit sogenannten Riechlauten orten. Ist die Beute erst einmal entdeckt, laufen und krabbeln die Mausohren geschwind hinterher, wobei sie sich mit ihren Handgelenken abstützen.

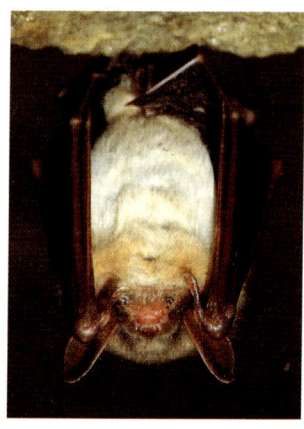

Um ihre Jungen zu gebären, suchen die Weibchen häufig große, ungestörte Dachböden auf, aber auch im engen Dachgebälk älterer Kirchtürme finden wir sie. In diesen Wochenstuben hängen sie in den dunkelsten und zugleich wärmsten Ecken und drängen sich, je nach Witterung, klumpenartig zusammen oder gehen auf Distanz zum Nachbarn. Sind die Tiere nicht direkt zu sehen, verrät meist ein größerer dunkler Fleck aus Hautfett und Urin im Gebälk ihren Aufenthalt. Auch die großen Ansammlungen von Kot auf dem Boden unterhalb des Hangplatzes sind ein deutlicher Hinweis. Mausohrwochenstuben stehen offenbar im ständigen Kontakt und im Austausch mit anderen Weibchengemeinschaften, so daß die Zahl der Tiere in der Kolonie ständig variiert. Hinzu kommen noch nicht geschlechtsreife Männchen, die hier mitunter von den Weibchen geduldet werden. Allerdings hängen sie meist allein und abseits.

Ausgewachsene Männchen beanspruchen im Sommer einen ganzen Dachboden für sich. Rivalen werden aus dem Revier vertrieben, paarungsbereite Weibchen dagegen begattet. Als Zwischenquartiere dienen Baumhöhlen und Nistkästen, in denen sich die Tiere gelegentlich auch paaren.

Im Herbst ziehen Mausohren in feuchte Naturhöhlen, aufgelassene Bergwerksstollen, Bunker und Keller. Hier hängen sie frei und möglichst hoch in wärmeren Bereichen ohne Zugluft. Selten kriechen die Tiere in Spalten oder gar ins Bodengeröll. Mausohren sind auch im Winter gesellig und hängen in der Regel in Trauben zusammen. Allerdings hat ihre Zahl dermaßen abgenommen, daß in bekannten Winterverstecken meist nur einzeln hängende Tiere gefunden werden. Mausohren sind nicht sehr eng an ein bestimmtes Winterquartier gebunden. Sie können im kalten Halbjahr zwischen 2 bis 3 verschiedenen Verstecken wechseln. Mausohren wandern bis zu 200 km, selten weiter. Im ganzen

Bundesgebiet sind die Bestände in den letzten Jahrzehnten rapide zurückgegangen. Wochenstuben mit bis zu 1000 Tieren gehören hierzulande, bis auf vereinzelte Ausnahmen, der Vergangenheit an. In den nördlichen Bundesländern kommen kaum noch mehr als 20 bis 40 Weibchen zusammen. Im Süden dagegen ist die Art noch häufiger. Gleichwohl ist das Mausohr in der gesamten Bundesrepublik stark gefährdet.

Wasserfledermaus *(Myotis daubentoni)*

Kopf–Rumpf: 41–51 mm
Schwanz: 30–39 mm
Unterarm: 33–41 mm
Spannweite: 240–275 mm
Gewicht: 6,5–12 g
Höchstalter: 32 Jahre

Die eher mittelgroßen Wasserfledermäuse sind recht unterschiedlich gefärbt. Die Farbe des Rückenfells verschiedener Tiere variiert zwischen hellem Rotbraun und dunklem Graubraun. Das Bauchfell ist jedoch in der Regel heller, meist stumpf grauweiß gefärbt. Die Ohren sind relativ klein. Typisch für Wasserfledermäuse ist der sich verjüngende, am Ende leicht abgestumpfte Ohrdeckel, der etwa die halbe Ohrlänge erreicht. Ihr Gesicht ist meist fleischfarben, selten dunkel.

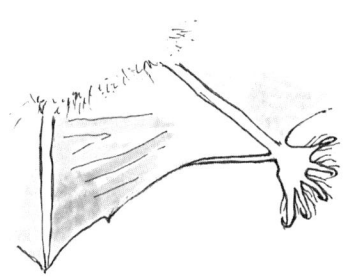

Die Füße der Wasserfledermaus sind sehr charakteristisch, nämlich deutlich größer als bei anderen vergleichbaren Arten. Der letzte Schwanzwirbel ragt frei aus der Schwanzflughaut heraus. Das Spornbein nimmt bis zu drei Viertel des Hinterrandes der Schwanzflughaut ein. Ein Epiblema fehlt. Die Armflughaut reicht bis zur Zehenwurzel der Hinterfüße.

Lebensraum und Verhalten Die Wasserfledermaus jagt gern in offenem, reich strukturiertem Gelände, aber auch in waldigen Landschaften. Sie fliegt regelmäßig über Wasserflächen wie Seen, Teichen und langsam fließenden Gewässern und zieht dabei mehr oder weniger große Kreise in geringer Höhe von 5 bis 10 cm. Daran ist sie relativ leicht zu identifizieren. Insekten werden im Flug erbeutet, entweder direkt mit dem Maul oder aber mit der Schwanzflughaut. Diese wird dabei wie ein Kescher gewölbt und das gefangene Tier darin mit der Schnauze gepackt und im Flug verzehrt. Die Flughaut dient bei dieser Art von Beuteerwerb gewissermaßen als Widerlager.

Wasserfledermäuse fliegen etwa eine halbe Stunde nach Sonnenuntergang zur Jagd aus und kehren erst in den frühen Morgenstunden ins Quartier zurück. Ihre Wochenstuben legen die Weibchen gerne in Baumhöhlen, Wandverkleidungen und Dachböden einzeln stehender Häuser an. Aber auch unter Brücken und in Nistkästen wurden Wasserfledermäuse schon gefunden. Dabei kommen in der Regel kaum mehr als 10 Weibchen zusammen, um ihre Jungen zu gebären. Männchen und noch nicht geschlechtsreife Tiere beziehen im Sommer Felsritzen und -spalten, Bäume und Häuser. In der kalten Jahreszeit werden überwiegend unterirdische Quartiere, also Höhlen, Stollen, frostsichere Eiskeller, Bunker und Kellerräume aufgesucht. Die Tiere verkriechen sich nach Möglichkeit in enge Spalten, geschützte Nischen oder in Bohrlöcher. Selten hängen sie sich frei und damit gut zu sehen auf. Hierzulande sieht man Wasserfledermäuse in der Regel nur einzeln in ihrem Versteck, in Südeuropa sind auch Winterschlafgemeinschaften von mehr als 100 Tieren gefunden worden.

Wasserfledermäuse sind ausgesprochen ortstreu. Ein einmal bezogenes Winterquartier, oft sogar der gleiche Hangplatz, wird über Jahre hinweg wieder aufgesucht. Wanderungen zwischen Sommer- und Wintereinstand sind selten länger als 100 km. Wasserfledermäuse können sich das ganze Winterhalbjahr vermehren, daher werden häufiger Paarungen in Winterquartieren beobachtet. Die Wasserfledermaus gehört hierzulande noch zu den häufigeren Arten, die regelmäßig an Gewässern beobachtet werden kann. Sie ist gleichwohl gefährdet. In einigen Ländern Mitteleuropas hat sich allerdings die Zahl der überwinternden Wasserfledermäuse erhöht.

Rücken braun, Bauch weiß:
Teichfledermaus

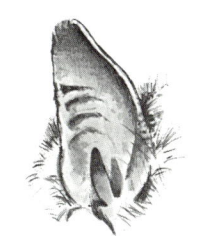

Teichfledermaus *(Myotis dasycneme)*
Kopf–Rumpf: 57–61 mm
Schwanz: 46–51 mm
Unterarm: 43–47 mm
Spannweite: 200–300 mm
Gewicht: 15–19,5 g
Höchstalter: 19 Jahre

Die Teichfledermaus ist die zweitgrößte Art der Gattung Myotis. In Gestalt und Färbung ähnelt sie sehr der Wasserfledermaus. Das Rückenfell ist zumeist braungrau gefärbt, der Bauch weißgrau und deutlich abgesetzt. Die Ohren sind relativ klein, der Ohrdeckel kürzer als die halbe Ohrlänge und stumpf. Das Gesicht ist wenig behaart, die Gesichtshaut fleischfarben. Die Schnauze kann dunkel pigmentiert sein, der helle Gesamteindruck des Gesichts bleibt jedoch erhalten. Die Füße sind wie bei der Wasserfledermaus verhältnismäßig groß und können mit einzelnen langen Haaren besetzt sein. Der letzte Schwanzwirbel ragt nicht aus der Schwanzflughaut hervor, der Sporn des Hinterfußes nimmt etwa drei Viertel des Hinterrandes der Schwanzflughaut ein. Ein Epiblema fehlt. Die Armflughaut reicht bis zur Ferse.

Lebensraum und Verhalten Die Teichfledermaus bewohnt die Ebenen. Lebensraum und Jagdbiotop gleichen denen der Wasserfledermaus: vornehmlich waldige bis offene parkartige Landschaften mit Gewässern. Auch über Wasserflächen in Stadtparks können wir Teichfledermäuse gelegentlich beobachten. Insekten erbeuten sie im Flug. Allerdings können sie auch Beutetiere von der Wasseroberfläche auflesen und dann verspeisen. Teichfledermäuse fliegen erst in der späten Dämmerung aus. Wochenstuben richten sie in Dachböden, Baumhöhlen, aber auch in Hohlwänden von Gebäuden ein. Ähnliche Verstecke werden auch als Sommer- und Zwischenquartier bezogen. Mitunter genügen den Tieren schon Ritzen hinter lockerer Baumrinde und Lücken in Holzstapeln.

Für den Winter suchen Teichfledermäuse fast ausschließlich unterirdische Quartiere, also Höhlen, Stollen und Schächte auf. In Kellern und Bunkern, die ja ein ähnliches Mikroklima haben, wurden bisher keine Teichfledermäuse gefunden. Die Tiere hängen frei, verkriechen sich aber auch in Spalten und Bohrlöchern. Auffällig ist, daß sie gern besonders feuchte Bereiche im Winterquartier beziehen. Im Normalfall überwintert die Teichfledermaus allein, äußerst selten sieht man mehrere Tiere an einem Hangplatz schlafen. Dennoch wurden gelegentlich Paarungen im Winterquartier beobachtet. Die Teichfledermaus ist hierzulande nur Wintergast. Sie wird regelmäßig an der nordwestlichen Grenze der Mittelgebirge gefunden, dringt aber nicht weiter als 50 km ins Bergland vor. Offenbar scheint sie dabei Winterverstecke, die höher als 300 m über dem Meeresspiegel liegen, zu meiden. Wochenstuben der Teichfledermaus sind in Holland, im dänischen Jütland und in Westrußland gefunden worden. Die bei uns überwinternden Tiere stammen allesamt aus Holland, wie man durch Beringung der Tiere ermittelt hat. Die Tiere legen also regelmäßig eine Strecke von mehr als 200 km zurück, um vom Sommerquartier in der Ebene bis in die Mittelgebirge zu fliegen. Die Teichfledermaus wird daher zu den „echtwandernden" Arten gerechnet. Da im westlichen Verbreitungsgebiet die Bestände zurückgehen, gilt sie als gefährdetes Wandertier.

Braunes Langohr *(Plecotus auritus)*
Kopf–Rumpf: 41–52 mm
Schwanz: 34–50 mm
Unterarm: 35–42 mm
Spannweite: 220–260 mm
Gewicht: 5–10 g
Höchstalter: 22 Jahre

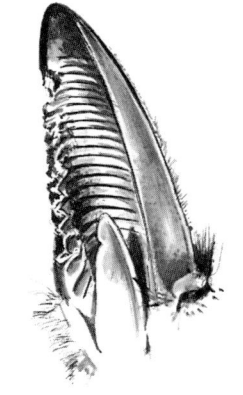

Das Braune Langohr wird von seiner Geschwisterart, dem Grauen Langohr, erst seit 1960 unterschieden. Es ist mittelgroß, das Rückenfell graubraun bis braun gefärbt. Sein Bauch ist weißlich mit bräunlichem Anflug. Die Haare sind an der Basis jedoch dunkel. Unverwechselbares Merkmal der Langohren sind die fast körperlangen, bräunlich durchscheinenden Ohren. An ihrer Basis stoßen die Ohrränder auf der Kopfmitte an zwei Hautwülsten zusammen. Der Ohrdeckel ist lang und läuft gleichmäßig spitz zu. Schlafende Langohren legen ihre Ohren nach hinten flach an den Körper und verstecken sie dabei unter den Armflughäuten. Auf diese Weise vermeiden die Tiere unnötigen Wärmeverlust über die relativ dünne Ohrhaut. Meist sind daher nur die Ohrdeckel frei zu sehen, die ihrer Größe wegen durchaus mit echten Ohren verwechselt werden können. Muntere Langohrfledermäuse krümmen ihre Ohren oft bogenförmig nach hinten, so daß sie wie Hörner von Widdern im Kleinformat wirken. Das meist fleischfarbene Gesicht wirkt durch die wulstige Schnauze wie verquollen. Die Augen sind relativ groß und verleihen der Fledermaus einen freundlichen, fast niedlichen

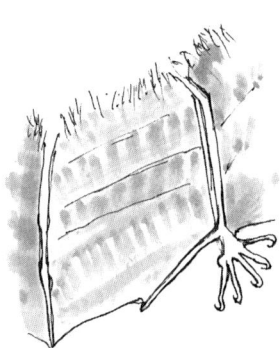

Körperlange Ohren, im Schlaf
untergeklappt: Braunes Langohr

Gesichtsausdruck. Die breiten Flügel sind nußbraun gefärbt. Der Daumen ist länger als 6, die Kralle länger als 2 mm. Im Gegensatz zum Grauen Langohr sind die Haare der Füße kürzer als die Krallen. Das Spornbein der Hinterfüße nimmt gut die Hälfte des Hinterrandes der Schwanzflughaut ein. Die Armflughaut reicht bis zur Zehenbasis.

Lebensraum und Verhalten Braune Langohren bevorzugen zur Jagd unterwuchsreiche Wälder und Buschlandschaften mit Bäumen sowie Parks und Siedlungen. Sie fliegen meist in einer Höhe von 2 bis 6 m, gelegentlich auch höher, wobei die Tiere langsam flatternd die Baumkronen nach Beute absuchen. Braune Langohren sind in der Lage, im Rüttelflug Insekten von Zweigen abzusammeln. Beim Verfolgen ihrer Opfer, vornehmlich Nachtschmetterlingen aus der

Familie Glattnasen – Vespertilionidae

Familie der Eulenfalter, können sie für kurze Zeit hohe Fluggeschwindigkeiten erreichen. Große Beutetiere werden zu einem Freßplatz transportiert und dort im Hängen verputzt. Nur die Flügel der Falter verschmähen die Feinschmecker, weshalb derartige Hangplätze auch leicht an den herabgefallenen Schmetterlingsflügeln erkannt werden können.

Braune Langohren fliegen erst im Dunkeln aus und sind dann die ganze Nacht unterwegs. Es ist daher nicht einfach, sie zu beobachten. Dafür können wir ihre sehr hohen, leisen Laute hören, die sie im Flug abgeben.

Sommerquartiere werden in Gebäuden, dort in versteckten Balkennischen, aber auch in geräumigen, störungsfreien Dachböden von Kirchen und Gutshäusern aufgesucht. Darüber hinaus beziehen die Tiere auch Baumhöhlen und Nistkästen. Die Weibchen finden sich zu relativ kleinen Gebärgemeinschaften von 5 bis 20 Tieren zusammen. Gewöhnlich bringen Braune Langohren nur ein Junges zur Welt, und dies relativ spät Mitte Juli. Während der Geburt und Aufzucht ihrer Jungen sind Langohren außerordentlich störempfindlich. Männchen, die sich gelegentlich zur Wochenstube gesellen, werden toleriert. Ähnlich wie Zwergfledermäuse können Braune Langohren plötzlich zu Dutzenden in Häuser einfliegen. Allerdings scheinen derartige Invasionen bei dieser Art eher die Ausnahme zu sein.

Zum Winter siedeln die Braunen Langohren in Bergwerksstollen, Höhlen, ungestörte, feuchte Keller und Kasematten um. Hier verkriechen sie sich einzeln oder hängen frei an Decken und Wänden. Sie gelten als ortstreu, legen also nur wenige Kilometer bis zu ihrem Winterversteck zurück. Hierzulande sind Braune Langohren zwar noch regelmäßig verbreitet, gelten gleichwohl als stark gefährdet.

Graues Langohr *(Plecotus austriacus)*
Kopf–Rumpf: 44–53 mm
Schwanz: 43–53 mm
Unterarm: 37–42 mm
Spannweite: um 250 mm
Gewicht: 5–12 g
Höchstalter: 14,5 Jahre

Das Graue Langohr ist geringfügig größer als die Braune Schwesterart. Sein Fell ist am Rücken graubraun, meistens grauer als beim Braunen Langohr, und am Bauch grauweißlich bis -gelblich mit dunkler Haarbasis. Auch das Graue Langohr besitzt sehr große, von der Außenseite her zusam-

Körperlange Ohren, die Augen mit einer dunklen Maske umrandet: Graues Langohr

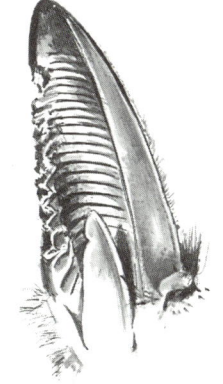

menfaltbare Ohren, allerdings mit auffällig dunkel pigmentiertem Ohrdeckel und sich berührenden Ohrbasen. Ebenso wie ihre braunen Schwestern verbergen auch die Grauen Langohren im Schlaf ihre Ohren unter den Flügeln. Im Flug dagegen werden sie nach vorn gestreckt. Das Gesicht ist meist dunkel gefärbt, selten fleischfarben. Die Schnauze wirkt etwas länger als beim Braunen Langohr und auch nicht so verquollen. Die großen Augen sind von einer dunklen Maske umrahmt, die Flügel breit und kurz. Der freistehende Daumen ist kürzer als 6, die Kralle mißt weniger als 2 mm. Die Füße sind kleiner als bei der Zwillingsart.

Lebensraum und Verhalten Graues und braunes Langohr kommen im wärmeren Süden gemeinsam vor, im Norden dagegen ist das Graue Langohr eher auf klimatisch günstige Regionen beschränkt. Es jagt gern in offener Landschaft, in mit Hecken und Baumgruppen bestandenen Gebieten, aber auch in Ortsnähe. Es ist weniger an Wald gebunden als das Braune Langohr. Es fliegt in 1 bis 3 m Höhe, also auffallend niedriger als die Schwesterart. Auch das Graue Langohr vermag rüttelnd Insekten von Zweigen und Blättern abzulesen. Dabei helfen ihm seine kurzen, rundlichen Flügel. Große

Beuteinsekten schleppt es ebenfalls an einen Freßplatz, um sie dort mit Ausnahme der Flügel zu verspeisen. Im Sommer bewohnt das Graue Langohr Dachböden von Kirchtürmen und großen Gebäuden und zugluftfreie Verstecke in Scheunen. Es sucht dabei Spalten auf oder hängt frei an der Decke. Im Winter ziehen sich die Grauen Langohren in die hinteren, wärmeren Bereiche von Stollen, Höhlen und Kasematten zurück, wo sie, einzeln hängend oder in Spalten zurückgezogen, in den Winterschlaf verfallen. Sie sind ortstreu, legen selten mehr als 20 km zurück, um in ihr Winterversteck zu gelangen. Graue Langohren sind in Norddeutschland wegen des kälteren Klimas äußerst selten. Doch auch im übrigen Bundesgebiet zählen sie zu den stark gefährdeten Arten.

Großer Abendsegler *(Nyctalus noctula)*
Kopf–Rumpf: 69–82 mm
Schwanz: 41–59 mm
Unterarm: 45–58 mm
Spannweite: um 360 mm
Gewicht: 15–42 g
Höchstalter: 12 Jahre
Große Abendsegler sind stattliche, robuste Fledermäuse. Ihr Rücken- und Bauchfell ist rostrot gefärbt und kurzhaarig. Auffällig ist sein geradezu seidiger Glanz. Die Ohren der Großen Abendsegler sind rundlich mit breiter Basis und ledrig derb. Der Ohrdeckel ist pilzförmig. Gesicht und Ohren sind dunkelbraun. Typisch für den Großen Abendsegler ist der flache, breite Kopf mit der kurzen, gedrungenen Schnauze. Sie weist zahlreiche punktförmige Hautdrüsen auf, mit deren öligen Sekret die Tiere die empfindlichen Flughäute einreiben. Die dunkelbraunen Flügel sind auffällig lang und schmal, was den Großen Abendsegler als schnellen und gewandten Flieger kennzeichnet. Er kann im Flug Geschwindigkeiten bis zu 60 km/h erreichen. Die Flughaut ist innen, am Oberarm, stark behaart. Die Füße sind verhältnismäßig klein. Der Sporn trägt einen steifen Hautlappen, das Epiblema. Der letzte Schwanzwirbel ragt aus der recht kurzen Schwanzflughaut hervor.

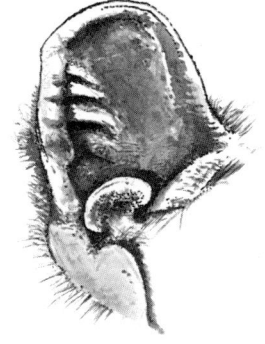

Lebensraum und Verhalten Große Abendsegler leben in waldreichen Gegenden mit Althölzern, parkartigem Gelände mit Seen, aber auch in Städten mit entsprechenden Grünanlagen und Parks können wir sie antreffen. In großer Höhe von 20 bis 50 m und über den Baumwipfeln stellen sie Maikäfern und Nachtfaltern nach. Ihr Flug ist geradlinig mit

Rostrotes Fell, die Ohren rund:
Großer Abendsegler

wiederholten Sturzflügen und raschen Wendungen. Große Abendsegler jagen gesellig: Im Flug stoßen sie weithin hörbare Soziallaute aus, die für menschliche Ohren schrill und durchdringend klingen. Bevor es dämmert, verlassen die Tiere ihr Tagesquartier. Gelegentlich sieht man sie gemeinsam mit Schwalben jagen. Selbst große Käfer werden im Flug ergriffen und unter lautem Krachen und Schmatzen verspeist. Ein einziger Großer Abendsegler kann sich so in einer Nacht bis zu 30 Maikäfer einverleiben.

Ihre Wochenstuben legen die Großen Abendsegler hierzulande in Specht- und Fäulnishöhlen alter Buchen und Eichen an. Die Quartiere müssen oberhalb des meist rundlichen Einflugloches einen Hohlraum haben, damit sich die Tiere darin kopfüber aufhängen können. Die Männchen beziehen im Sommer außerdem Nistkästen und manchmal auch Dachböden. Besetzte Quartiere können leicht am deutlich hörbaren Zwitschern und Zetern der Bewohner erkannt werden. Große Abendsegler sind dermaßen kälteunempfindlich, daß sie ihren Winterschlaf in Baumhöhlen halten können. Sogar Kälte um den Gefrierpunkt können die Tiere für kurze Zeit ertragen. Bei längeren Frostperioden erwachen sie, um sich ein wärmeres Quartier, etwa in einem dickeren Baum, zu suchen. Bei derartigen Quartierwechseln kann man Große Abendsegler sogar im Winter fliegen sehen. In seltenen Fällen verkriechen sich die Tiere auch in Felsspalten, suchen Untertagequartiere und Keller auf. Die Größe der Schlafgesellschaften variiert hierzulande zwischen weniger als 10 und mehr als 200 Tieren. Allerdings wurden auch schon 450 Große Abendsegler in einem Baumquartier gefunden. Die Tiere rücken dicht zusammen, sitzen dachziegelartig übereinander, um so den Wärmeverlust möglichst gering zu halten. Große Abendsegler scheinen mögliche Baumquartiere durch eine Art von Flüsterpropaganda kennenzulernen. So wurde beobachtet, wie ein zahmes, dabei aber völlig frei gehaltenes Männchen vorbeifliegende Artgenossen in sein Quartier rief. Große Abendsegler gehören zu den wenigen Fledermausarten, die weite Wanderungen über mehr als 1000 km zwischen Winter- und Sommerquartier unternehmen. Viele scheinen allerdings auch in der Nähe ihres Sommeraufenthaltes geeignete Winterverstecke zu beziehen.

Große Abendsegler können hierzulande zwar regelmäßig beobachtet werden, dennoch ist die Gesamtzahl der bisher bekannt gewordenen Quartiere vergleichsweise gering. Sie sind stark gefährdet.

Bräunliches Fell, die Ohren rund:
Kleiner Abendsegler

Kleiner Abendsegler *(Nyctalus leisleri)*
Kopf–Rumpf: 54–64 mm
Schwanz: 39–44 mm
Unterarm: 35–46 mm
Spannweite: 260–320 mm
Gewicht: 14–20 g
Höchstalter: 9 Jahre

Der Kleine Abendsegler ist gewissermaßen das kleinere Abbild des Großen Abendseglers. Auffälligster Unterschied zum größeren Bruder ist die weniger rötliche Fellfärbung. Das einzelne Haar ist zweifarbig mit dunkler Basis und hellbraunen Spitzen. Die Flughäute sind um Körper und Arme herum stark behaart, weshalb der Kleine Abendsegler auch Rauharmige Fledermaus genannt wurde. Gesicht und Ohren sind ähnlich wie beim Großen Abendsegler ausgebildet. Nur die Schnauze ist spitzer und zierlicher. Der Fuß ist klein, ein Epiblema ist vorhanden.

Lebensraum und Verhalten Ausgedehnte Waldgebiete mit Altholzbeständen und Parklandschaften sind der Lebensraum des Kleinen Abendseglers. Die Fledermaus meidet allerdings Städte und Ortschaften. Sie kommt im Gebirge bis

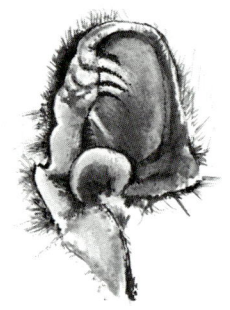

zur Baumgrenze vor. Ihr Jagdflug ist mit dem des Großen Abendseglers zu vergleichen, und wie der größere Bruder verläßt sie noch vor Sonnenuntergang das Quartier.

Wochenstuben der Kleinen Abendsegler wurden bisher in Baumhöhlen und Fledermauskästen gefunden. Zum Überwintern beziehen die Tiere ebenfalls Baumhöhlen, allerdings müssen die Stämme besonders dick sein. Im Winterquartier kommen beide Geschlechter zusammen. Ob Wochenstube oder Winterquartier: Die Kolonien sind annähernd gleich groß. Als Zwischen- und Paarungsversteck dienen ebenfalls Baumhöhlen und Nistkästen, seltener werden Hohlräume von verschalten Häusern aufgesucht.

Bisher sind hierzulande nur wenige Funde des Kleinen Abendseglers bekannt geworden. Er ist bei uns ausgesprochen selten und allein deshalb stark gefährdet.

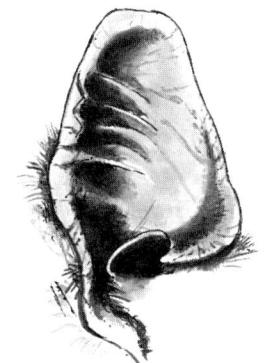

Breitflügelfledermaus *(Eptesicus serotinus)*
Kopf–Rumpf: 62–80 mm
Schwanz: 46–57 mm
Unterarm: 48–55 mm
Flügel: 310–380 mm
Gewicht: 17–30 g
Höchstalter: 20 Jahre

Die Breitflügelfledermaus ist groß und kräftig, wirkt dabei aber etwas gedrungen. Ihr Rückenhaar ist dunkelbraun mit gelbbraunen, glänzenden Spitzen, die allerdings nicht bei allen Tieren ausgeprägt sind. Der Bauch der Tiere ist gelblichbraun. Zwischen Rücken- und Bauchfärbung ist kein deutlicher Unterschied zu sehen. Ihr Pelz ist langhaarig und wirkt besonders mit den hellen Haarspitzen fast flauschig. Jungtiere dagegen haben kurzhaariges Fell, der Rücken ist mattbraun und die Unterseite grau bis beige. Die Ohren der Breitflügelfledermaus sind mittelgroß, breitlänglich mit breitem Ohrdeckel, der nur knapp die Hälfte der Ohrlänge erreicht. Das Gesicht und die Ohren sind braunschwarz, ebenso die Flughäute. Ihren auffällig breiten Flügeln verdankt diese Fledermausart ihren Namen. Die letzten eineinhalb Schwanzwirbel überragen die Schwanzflughaut. Ein ausgesprochen breites Epiblema spannt sich über die gesamte Länge des Sporns, der nur knapp die Hälfte des Hinterrandes der Schwanzflughaut mißt.

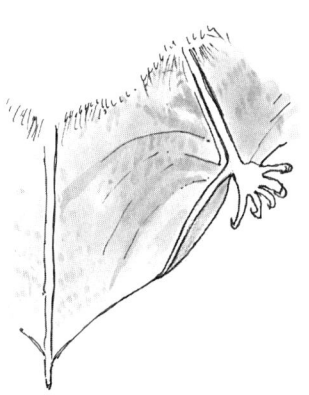

Lebensraum und Verhalten
Die Breitflügelfledermaus sucht zur Jagd Ortschaften mit Gärten und kleineren Baumgruppen auf. Sie fliegt oft in Gewässernähe und ist in her-

Braunes Fell, Gesicht und Ohren schwarzbraun, breite Flügel: Breitflügelfledermaus

kömmlich bewirtschafteten Agrarlandschaften mit Hecken und Gehölzen zu Hause. Der Flug dieser Fledermausart wirkt vergleichsweise träge, doch kann sie auch gewandte Flugmanöver mit schnellen Wendungen und Haken ausführen. Oft patrouillieren Breitflügelfledermäuse bestimmte Strekken regelmäßig ab. Die Tiere fliegen dabei überwiegend in einer Höhe von 5 bis 10 m, wobei sie Käfer und Nachtschmetterlinge, also vorwiegend größere Insekten, erbeuten. Ihr Tagesquartier verlassen sie erst zur fortgeschrittenen Dämmerung.

Breitflügelfledermäuse gelten als typische „Hausfledermäuse", die ihre Wochenstuben in der Regel in Gebäuden beziehen, aber auch im Winter menschlichen Behausungen den Vorzug geben. Sie sind, ähnlich wie Zwergfledermäuse, Kul-

turfolger, die sich bei ihrer Quartierwahl dem Menschen und seinen Siedlungsformen weitgehend angepaßt haben.

Breitflügelfledermäuse ziehen ihre Jungen häufig in warmen Spaltenquartieren auf, etwa hinter Verschalungen sowie auf Dachböden. In einer Wochenstube kommen 30 bis 50 Weibchen zusammen, wobei warme Schornsteine die Tiere anscheinend besonders anziehen. Hier kauern sie dann eng aneinandergeschmiegt, manchmal auch frei sichtbar auf Dachsparren und Balken.

Im Winter machen es sich die Breitflügelfledermäuse recht einfach. Oft in demselben Haus und nur wenige Meter vom Sommereinstand entfernt, verkriechen sie sich in völlig unzugängliche, frostsichere Hohlräume. Offenbar sind Breitflügelfledermäuse fähig, die meist recht trockene Luft in derartigen Winterverstecken zu ertragen, ganz im Gegensatz zu vielen ihrer Verwandten, für die hohe Luftfeuchtigkeit im Winterquartier lebensnotwendig ist. Bisher sind Breitflügelfledermäuse nur in Ausnahmefällen winterschlafend in Höhlen und Stollen gefunden worden. In Sommerquartieren macht den Breitflügelfledermäusen auch die Gesellschaft anderer Arten nichts aus. In Wochenstuben wurden sie sogar zusammen mit Mausohren, Braunen und Grauen Langohren angetroffen. Sie gelten als sehr ortstreu und wandern nicht.

Die Breitflügelfledermaus wird als Charakterart der norddeutschen Tiefebene angesehen. Tatsächlich ist sie dort die häufigste Art. In Süddeutschland kommt sie ausgesprochen selten vor. Sie gilt insgesamt als stark gefährdet.

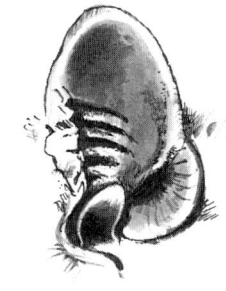

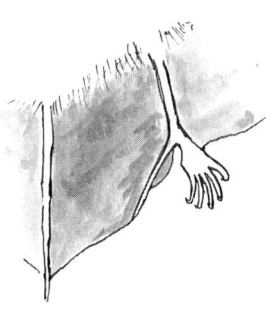

Nordfledermaus *(Eptesicus nilssoni)*
Kopf–Rumpf: 48–54 mm
Schwanz: 38–47 mm
Unterarm: 37–42 mm
Spannweite: 240–270 mm
Gewicht: 8–13 g
Höchstalter: 20 Jahre

Die Nordfledermaus zählt zu den mittelgroßen Arten und hat ein langhaariges, mittelbraunes Rückenfell. Ihr dichter Pelz wirkt leicht zerzaust. Goldene Haarspitzen auf dem Rücken und besonders im Nackenbereich, dazu der kräftige, seidige Glanz des Fells machen die Nordfledermaus zu einer der attraktivsten heimischen Fledermäuse. Ohren, Gesicht und Flughäute sind ähnlich schwarzbraun gefärbt wie bei der Breitflügelfledermaus. Sie stehen in deutlichem Kontrast zum hellen, gelbbraunen Bauchfell. Die Ohren der Nordfledermaus sind länglich und breit, ebenso der zum Ende hin stumpfe Ohrdeckel. Die Füße der Tiere sind klein. Der Sporn trägt ein kleines Epiblema. Der letzte Schwanzwirbel ragt frei aus der Flughaut.

Lebensraum und Verhalten Die Nordfledermaus bewohnt offene Busch- und Mischwaldlandschaften in nördlichen und gebirgigen Nadelwaldregionen. Aber auch in engen, besiedelten Bachtälern mit Laubwald und angrenzenden Hangwiesen sowie in offenen Landschaften mit Gehölzen und Teichen wurden die Tiere schon beobachtet. Sie jagen meist in einer Höhe von 2 bis 10 m über offenen Flächen, aber auch um Straßenlaternen. Der Suchflug dieser Art ist relativ einförmig: Innerhalb eines begrenzten Gebietes patrouilliert die Nordfledermaus immer dieselben Wege, Bäume und Büsche ab und kehrt Nacht für Nacht in ihr gewohntes Jagdrevier zurück. Bejagen mehrere Nordfledermaus-Männchen dasselbe Gebiet, kommt es häufiger zu Revierstreitereien, wobei der Eindringling stets verjagt und mitunter auch kräftig attackiert wird. Für gewöhnlich sucht der Unterlegene nach mehreren Angriffen das Weite. Der Angreifer stößt bei seinen Verfolgungsjagden für das menschliche Ohr gut hörbare schrille Rufe aus. Nordfledermäuse fliegen in der Dämmerung auf Beutesuche. Die Tiere jagen nach kleineren Insekten wie Mücken, Köcherfliegen, Motten, Fliegen und Käfer, die sie im Flug erbeuten und fressen .

Wochenstuben beziehen Nordfledermäuse gerne unter warmen Schieferdächern und -verkleidungen von Häusern. Dort verstecken sich die Tiere in spaltenförmigen Hohlräumen. Im Gegensatz zu den meisten anderen Fledermausarten gebären die Weibchen zwei Junge. Hierzulande sind bisher nur 7 Wochenstuben der Nordfledermaus bekannt geworden, 5 davon wurden 1987/88 im Harz in benachbarten Wohnhäusern entdeckt.

Im Herbst ziehen sich Nordfledermäuse in natürliche Höhlen und Stollen zurück, aber auch in Hausverstecke. Nordfledermäuse gelten als ausgesprochen unempfindlich gegen Kälte. Offenbar bevorzugen sie sogar Temperaturen um den Gefrierpunkt, denn sie hängen sich mit Vorliebe im nicht frostsicheren Eingangsbereich von Untertagequartieren auf. Meist schlafen die Tiere allein, seltener in kleinen Gruppen dicht aneinandergerückt. Bisweilen kriechen sie auch in Spalten. Nordfledermäuse sind ortstreu und wandern allenfalls wenige Kilometer bis zu ihrem Winterquartier. Winterfunde von Nordfledermäusen gibt es bisher etwa eine Handvoll. Die Art gilt daher hierzulande als selten und stark gefährdet.

Zweifarbfledermaus *(Vespertilio discolor)*
Kopf–Rumpf: 55–63 mm
Schwanz: 40–45 mm
Unterarm: 40–47 mm
Spannweite: 260–300 mm
Gewicht: 12–20 g
Höchstalter: 5 Jahre

Die Zweifarbfledermaus ist mittelgroß und wegen ihrer konstrastreichen Färbung eine der schönsten Fledermausarten. Ihr Rücken ist einerseits glänzend dunkelbraun gefärbt. Andererseits sind die Haarspitzen weiß, so daß die Tiere wie bereift aussehen. Besonders Kehle und Brust sind fast rein-

Weiße Haarspitzen, runde Ohren: Zweifarbfledermaus

weiß gefärbt und scharf vom braunen Rücken abgesetzt. Das Fell ist sehr dicht und fast plüschartig. Das Gesicht ist dunkelbraun, ebenso die rundlichen Ohren, die außen an der Ohrspitze dicht behaart sind. Ihre Ohrdeckel sind kurz und zum Ende hin etwas breiter. Die Flügel der Tiere sind dagegen lang und schmal, ein Zeichen für schnelle Flieger. Der letzte Schwanzwirbel ragt aus der Flughaut heraus. Das Hinterfußspornbein trägt ein deutliches Epiblema.

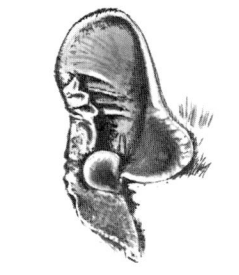

Lebensraum und Verhalten Offene, reich strukturierte Landschaften mit Wäldern, gebirgigen Regionen, aber auch Ortschaften und Großstädte sind die Heimat der Zweifarbfledermäuse. Dort jagen die Tiere schnell und oft sehr hoch über Baumwipfeln und Dächern. Sie fliegen kurz nach Sonnenuntergang aus ihrem Tagesquartier. Wochenstuben werden häufig in Häusern, Baumhöhlen und Felsspalten bezogen. Dabei bilden Zweifarbfledermäuse mitunter größere Kolonien mit bis zu 50 Weibchen. Sie gebären vergleichsweise häufig Zwillinge. Auch die Männchen finden sich oft zu größeren Gemeinschaften mit bis zu 250 Tieren zusammen, meist in Spaltenverstecken von Gebäuden. Ihre Kolonien liegen jedoch weit von denen der Weibchen entfernt.

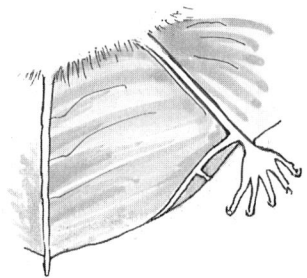

Im Winter zieht es Zweifarbfledermäuse in die Stadt. Besonders große Gebäude und mehrstöckige Häuser haben es ihnen angetan. Auffällig ist auch, daß sie einzeln stehende Hochhäuser mit glatten Fassaden bevorzugen. Offenbar dienen den Tieren die „Steinwüsten" der Städte als Ersatz für Felsquartiere, ein Zeichen dafür, wie gut die Art sich anpassen kann. Zweifarbfledermäuse kriechen in Fugen und Ritzen der Außenfassaden, ebenso wie in ihren ursprünglichen Quartieren: Felsspalten in Gebirgsregionen. Diese Fledermaus ist besonders gut gegen Kälte in ihren Quartieren gewappnet. Sie trägt ein dichtes Fell, hat gegen Frost geschützte Ohren mit dichten Haaren, und mit ihrem flachen Kopf kann sie sich tief in enge Spalten zwängen. Im November und Dezember, bevor sie ihren Winterschlafplatz aufsuchen, kommen Zweifarbfledermäuse zur Balz zusammen. Dabei fliegen die Tiere in großer Höhe und stoßen laute, schrille Balzrufe aus, die menschliche Ohr hören können.

Zweifarbfledermäuse wandern bis zu 900 km aus Nordeuropa nach Südwesten in ihre Winterquartiere. Bisher wurden hierzulande nur wenige Vertreter dieser Art beobachtet, meist im Winterhalbjahr und in Großstädten. Offenbar handelt es sich überwiegend um ziehende Überwinterer. Zweifarbfledermäuse sind als stark gefährdet eingestuft.

Kaum daumenlang:
Zwergfledermaus

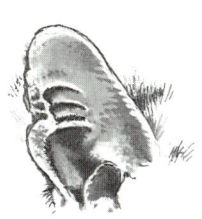

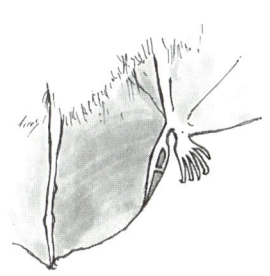

Zwergfledermaus *(Pipistrellus pipistrellus)*
Kopf–Rumpf: 33–52 mm
Schwanz: 26–33 mm
Unterarm: 27–32 mm
Spannweite: 180–230 mm
Gewicht: 3–8 g
Höchstalter: 16 Jahre
Die kaum daumenlange Zwergfledermaus ist die kleinste
einheimische Fledermausart. Ihr kurzhaariges Fell ist rost-
braun bis dunkelbraun gefärbt, der Bauch nur geringfügig
heller als der Rücken. Das Gesicht und die kleinen Ohren wir-
ken schwärzlich, der Ohrdeckel ist kurz und stumpf. Am
Sporn ist deutlich ein Epiblema zu erkennen.
Lebensraum und Verhalten Zwergfledermäuse, auch kurz
„Zwerge" genannt, halten sich gerne in kleineren Ortschaften,
aber auch in Städten auf. Hier jagen die Tiere an Straßenlaternen, Alleen, Gehölzen, in Gärten und Parks und über Wasserflächen. Sie fliegen relativ schnell in unterschiedlichen Flug-
höhen bis zu 10 m. Um Beuteinsekten zu ergreifen, können
„Zwerge" gewandte Flugmanöver mit abrupten Wendungen
durchführen. Häufig fliegen die Tiere in Gemeinschaft und

patrouillieren dabei bestimmte Strecken regelmäßig ab. Während sie jagen, stoßen sie helle „Zick"-Laute aus, die offenbar für alle Fledermausarten der Gattung Pipistrellus typisch sind.

Zwergfledermäuse bilden oft große Wochenstuben mit 80 und mehr Weibchen. Dabei bevorzugen die Weibchen Spalten und Hohlräume auf den wärmeren Südseiten von alten, mitunter auch neuen Gebäuden. Als typische „Hausfledermäuse" sind sie von klimatischen Schwankungen weniger betroffen als „Baumfledermäuse". Ihre Wochenstuben sind meist gleichbleibend warm und bieten so gute Voraussetzungen für die Aufzucht der Jungen. Weibliche Zwergfledermäuse ziehen mit ihren Frischgeborenen gerne um. Folglich müssen den Tieren in der näheren Umgebung mehrere Quartiere bekannt sein. Im Winter suchen die Fledermäuse ebenfalls Zuflucht in menschlichen Behausungen: in Verkleidungen von Schornsteinen, in Kästen von Rolläden oder in Hohlräumen von Mauern und hinter Fensterrahmen. Im Süden der Bundesrepublik überwintern Zwerge auch regelmäßig in üblichen Untertagequartieren. Sie können Kälte gut ertragen und sind bei milder Witterung auch häufiger im Winter unterwegs.

Im August und September kann es vorkommen, daß Zwergfledermäuse geradezu invasionsartig in Häuser und Zimmer eindringen. Erwachsene Männchen und Weibchen, aber auch Jungtiere aus verschiedenen Wochenstuben fliegen dabei durch offene Fenster, verkriechen sich hinter Gardinen, in Vasen und Lampenschalen und verlassen das so mit Beschlag belegte Quartier endgültig erst gegen Oktober. Die „Besuche" können sich in den darauffolgenden Jahren wiederholen, wobei häufig dieselben Gebäude angeflogen werden. Offenbar liegt es in der Natur der Zwerge, sich vor dem Einflug ins Winterversteck erst einmal in einem Zwischenquartier zu sammeln und dies – spektakulär für die Bewohner – zu besetzen. Der biologische Sinn derartiger Invasionen ist noch nicht geklärt. Denkbar wäre, daß die Zwerge auf diese Weise neue Quartiere erkunden.

Die mitteleuropäischen Zwergfledermäuse gelten im allgemeinen als ortstreu und wandern kaum mehr als 10 bis 20 km. Allerdings haben in der DDR beringte Einzeltiere schon Strecken von rund 770 km zurückgelegt. Warum einzelne Tiere weite Wanderungen unternehmen, ist unbekannt. Zwergfledermäuse gehören hierzulande zu den noch häufigeren Arten, sind aber gleichwohl gefährdet.

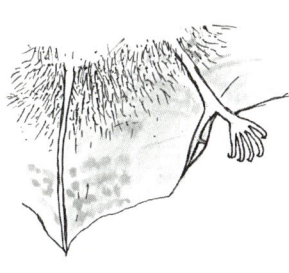

Rauhhautfledermaus *(Pipistrellus nathusii)*
Kopf–Rumpf: 44–48 mm
Schwanz: 34–40 mm
Unterarm: 32–37 mm
Spannweite: 230–250 mm
Gewicht: 6–9 g
Höchstalter: 7 Jahre

Die Rauhhautfledermaus ist nur geringfügig größer als die Zwergfledermaus, der sie zudem sehr ähnelt. „Rauhhäute" tragen ein rötlichbraunes Rückenfell und sind am Bauch eher hell graubraun gefärbt. Etwa ab Juli, nach der Aufzucht der Jungen und zu Beginn der Paarungszeit, wechseln die Tiere ihr fuchsrotes Sommerfell und werden braun. Ihr Rückenfell reicht bis weit auf die Schwanzflughaut hinunter, wodurch die Fledermaus insgesamt länger erscheint. Das Fell wirkt leicht struppig. Gesicht, Häute und die kleinen Ohren sind dunkelbraun, die Ohrdeckel kurz und stumpf.

Die Flughäute der Rauhhautfledermäuse sind breiter als bei der kleineren Zwergfledermaus, denn der fünfte Finger – ein sicheres Bestimmungsmerkmal – ist mit 42 bis 48 mm besonders lang. Die Spitze des letzten Schwanzwirbels ragt aus der Schwanzflughaut. Ihre Sporne nehmen etwa ein Drittel des Hinterrandes der Schwanzflughaut ein und tragen ein kleines Epiblema. Die Geschlechter der Rauhhautfledermäuse unterscheiden sich auch im Körperbau. Die Weibchen sind etwas größer, ihre Unterarme und ihr fünfter Finger etwas länger.

Lebensraum und Verhalten Rauhhautfledermäuse fliegen gern in höher gelegenen Wäldern, bewohnen aber auch offe-

Familie Glattnasen – Vespertilionidae
107

nes Tiefland mit eingestreuten Gehölzen. Regelmäßig werden die Tiere auch an den unterschiedlichsten Gewässern angetroffen. „Rauhhäute" jagen ähnlich wie „Zwerge" und sind daher im Flug von ihnen nicht zu unterscheiden. Gewandt und schnell patrouillieren sie ihre Jagdstrecke ab, ergreifen Insekten im Flug und verspeisen sie. Besonders große Brocken werden zu einem Freßplatz geschleppt und dort vertilgt. Rauhhautfledermäuse beziehen Wochenstuben in Baumhöhlen, Nistkästen und in engen Spalten an Gebäuden. Sie gelten zwar als „Waldfledermäuse", doch werden nicht selten auch Quartiere in Häusern entdeckt. Dort verkriechen sich die Tiere in engste Spalten.

Rauhhaut- und Zwergfledermäuse haben ähnliche Ansprüche an ihr Quartier, weshalb sie mitunter zusammen in Fledermauskästen angetroffen werden. Während der Paarungszeit im Hochsommer gehen sich die Arten jedoch aus dem Weg. Weibliche Rauhhäute sind ausgesprochen ortstreu und kehren stets zur Wochenstube des Vorjahres zurück. In der Regel gebären sie Zwillinge. Auch die Männchen beziehen gerne ihr angestammtes Paarungsquartier aus dem Vorjahr. Im Juli und August, in der Brunst, verteidigen sie ihr Revier und vertreiben paarungsbereite Geschlechtsgenossen.

Um ihre Winterquartiere zu erreichen, legen Rauhhautfledermäuse oft Hunderte von Kilometern zurück. Als längste Strecke wurden 1600 km ermittelt. Das angeflogene Winterquartier liegt in Südfrankreich. Die Tiere ziehen sich in Baumhöhlen, Felsspalten und in Gebäude zurück, selten in Höhlen und Stollen. Die wenigen hierzulande bekanntgewordenen Funde von Rauhautfledermäusen sind vorwiegend wandernde Tiere. Wochenstuben sind nicht bekannt. Vermutlich ist die Art aber häufiger als angenommen. Nachweise sind aufgrund ihrer Vorliebe für waldreiche Gebiete schwierig. Die Rauhhautfledermaus wird in der Bundesrepublik als stark gefährdet betrachtet.

Mopsfledermaus *(Barbastella barbastellus)*
Kopf–Rumpf: 44–58 mm
Schwanz: 41–54 mm
Unterarm: 35–51 mm
Spannweite: etwa 260 mm
Gewicht: 6–9 g
Höchstalter: 23 Jahre
Die schwarzbraune, langhaarige Mopsfledermaus ist mittel-

groß und wirkt insgesamt sehr dunkel. Bei älteren Tieren hat das Rückenhaar weiße Spitzen. Ihr schwarzes, sehr breites Gesicht ist unverkennbar mopsartig: kurze, gedrungene Schnauze, Nasenlöcher nach oben gerichtet; die breiten, dreieckigen, nach vorn gestellten Ohren der Mopsfledermäuse stoßen über der Nase mit einer ausgeprägten Krempe aneinander. Ihre Ohrdeckel sind spitz dreieckig und erreichen etwa die halbe Ohrlänge. Die dunklen Flügel sind lang und schmal, Kennzeichen der ausdauernden Fliegerin. Der letzte Wirbel ragt aus der Schwanzflughaut hervor. Der Sporn ist halb so lang wie der Rand der Schwanzflughaut und trägt ein Epiblema. Die Armflughaut reicht bis zur Basis der Hinterfußzehen.

Lebensraum und Verhalten Die Mopsfledermaus jagt meist in geringer Höhe an Waldrändern, in Gärten und Parks mit Gewässern. Sie bevorzugt waldreiche Regionen, auch im Gebirge, wird aber ebenso in Ortschaften angetroffen. Ihr Flug ist flatternd, allerdings kann sie auch sehr schnell und ausdauernd fliegen. Gern frißt die Mopsfledermaus kleine, zarte Insekten wie Mücken, Fliegen und kleinere Falter. Mit ihrer vergleichsweise engen Mundspalte ist sie nämlich nicht in der Lage, größere Käfer oder Schwärmer zu bewältigen. Auch die Kiefermuskeln der Tiere sind nicht kräftig genug, um derartige Brocken zu zerkleinern. Wenn es dämmert, fliegen Mopsfledermäuse zur Jagd, wobei sie immer in der Nähe ihres Quartieres bleiben.

Im Sommer dienen Balkennischen auf Dachböden, Hohlräume hinter Fensterrahmen, aber auch Felsspalten und Baumhöhlen Mopsfledermäusen als Quartier. Die Weibchen bilden mit 10 bis 20 Tieren relativ kleine Wochenstuben; jedes bringt 1 bis 2 Junge zur Welt. Als ausgesprochen kälteunempfindliche Art überwintern Mopsfledermäuse im kalten, frostgefährdeten Eingangsbereich von Stollen, Höhlen, Grotten und Kellern, wo sie frei hängen oder sich in Spalten verkriechen. Überwintern mehrere Tiere zusammen, suchen sie engen Fellkontakt und hängen dann dicht gestaffelt aneinander. Mopsfledermäuse wandern über kürzere Strecken, maximal bis zu 300 km. Ihre Vorkommen sind hierzulande in den letzten Jahrzehnten drastisch zurückgegangen, ähnlich wie die der Hufeisennasen. Mopsfledermäuse sind daher ausgesprochen selten und vom Aussterben bedroht.

Langflügelfledermaus *(Miniopterus schreibersi)*
Kopf–Rumpf: 52–60 mm
Schwanz: 50–60 mm
Unterarm: 42–48 mm
Spannweite: 280–305 mm
Gewicht: 8–11 g
Höchstalter: 16 Jahre

Die kräftige Langflügelfledermaus ist mittelgroß und unterseits hellgrau, auf dem Rücken dagegen graubraun gefärbt mit violettem Einschlag. Das Fell ist glatthaarig, die Kopf- und Nackenhaare kurz und kraus. Die Grenze der unterschiedlichen Fellstrukturen ist deutlich zu erkennen. Die braunen Ohren sind sehr klein, fast quadratisch und überragen kaum die kurzen Kopfhaare. Der kurze Ohrdeckel ist nach innen gebogen und gelblichweiß. Typisch für Langflügelfledermäuse ist die aufgewölbte Stirn und die kurze, stumpfe Schnauze. Ihr Name ist auf die besonders schlanken und langen Flügel zurückzuführen, die den schnellsten Flieger aller heimischen Fledermausarten kennzeichnen. Die Schwanzflughaut umschließt den letzten Schwanzwirbel völlig. Ein Epiblema am Sporn ist nicht ausgebildet.

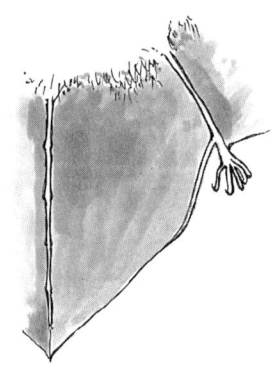

Lebensraum und Verhalten Die Langflügelfledermaus ist in der BRD nur am Kaiserstuhl im Oberrheingebiet gefunden worden. Die Tiere lieben die Wärme und sind daher eher im Mittelmeerraum heimisch. Ihr Jagdbiotop ist geprägt durch offenes Gelände im Bergland, aber auch in der Ebene, oft weit entfernt von der nächsten Siedlung. Langflügelfledermäuse fliegen in der frühen Dämmerung aus, jagen oft sehr hoch und schnell, wobei ihr rasanter Flug schwalbenähnlich ist. Die Wochenstuben der Langflügelfledermäuse sind warme, geräumige Felshöhlen und -spalten, selten Dachböden in

Kleine Ohren, gewölbte Stirn:
Langflügelfledermaus

bewohnten Häusern. Die Weibchen bringen 1, seltener 2 Junge zur Welt. Auch fremde Jungtiere werden gesäugt und Männchen bei der Aufzucht der Jungen geduldet. Die Tiere bilden mitunter große Kolonien mit bis zu 1000 Weibchen und vergesellschaften sich dabei auch mit anderen Fledermausarten, etwa den Mausohren. Etwas Besonderes bei Langflügelfledermäusen ist ihre ungewöhnliche Embryonalentwicklung. Im Herbst entwickelt sich bei begatteten Weibchen das befruchtete Ei zum Embryo. Während des Winterschlafs ruht die Entwicklung der Frucht, erst im Frühjahr wächst der Embryo weiter.

Winterquartiere der Langflügelfledermäuse sind Höhlen, Gewölbe und Stollen, in denen die Tiere frei in Nischen oder Höhlungen hängen und dabei Trauben von mehreren hundert Fledermäusen bilden können. Gelegentlich sieht man auch Tiere einzeln im Quartier hängen. Spalten meiden sie. Langflügelfledermäuse wandern; Strecken von mehr als 250 km, die mehrmals von den Tieren zurückgelegt wurden, sind zwischen Sommer- und Winterversteck nachgewiesen worden. In den 50er Jahren lebten Langflügelfledermäuse noch in Südbaden. Die dort in einigen Höhlen überwinternden Tiere stammten aus dem französischen Jura. Heute überwintern keine Langflügelfledermäuse mehr in dieser Region. Die Art ist hierzulande ausgestorben!

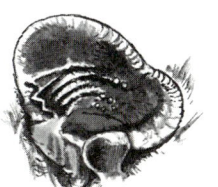

Alpenfledermaus (*Pipistrellus savii*)
Kopf–Rumpf: 43–48 mm
Schwanz: 34–39 mm
Unterarm: 31–38 mm
Spannweite: 220–225 mm
Gewicht: 6–10 g
Höchstalter: unbekannt
Die etwa mittelgroße Alpenfledermaus ist am Rücken dunkelbraun gefärbt, die Haarspitzen sind gelb. Das Bauchfell ist deutlich abgesetzt hell gelbgrau bis weiß. Die Haare der Tiere sind recht lang, ihr Gesicht und die Flughäute braunschwarz, ebenso die relativ kleinen und breiten Ohren. Die Ohrdeckel sind kurz und zur Spitze hin verbreitert.

Lebensraum und Verhalten   Die Alpenfledermaus liebt die Wärme und ist daher mehr im Mittelmeerraum heimisch. Trotzdem reicht ihr Verbreitungsgebiet in die Alpen bis in Höhen von 2500 m. Hierzulande ist die Art praktisch verschwunden.

Bestimmen von Fledermäusen

Die exakte Bestimmung von Fledermäusen ist kein einfaches Geschäft. Auf den ersten Blick sehen sie für den Laien alle gleich aus. Erst beim genaueren Hinsehen bemerken wir Unterschiede in der Größe, Fellfarbe und Ohrgröße.

Das Naturschutzgesetz verbietet uns allerdings, Fledermäuse zu fangen und in die Hand zu nehmen, um sie eingehender zu betrachten. Eine exakte Analyse mit Hilfe eines Bestimmungsschlüssels, von Zeichnungen und Fotos kann daher nur an toten oder geschwächt aufgefundenen Tieren durchgeführt werden.

Darüber hinaus ist es jedoch möglich, einige Arten anhand ihres Flugbildes und -verhaltens auseinanderzuhalten oder durch die Analyse der Ultraschallaute mit Hilfe eines „Bat-Detectors".

Um die Anfangsschwierigkeiten leichter zu überwinden, sollte man sich so häufig wie möglich einem Fledermaus-experten anschließen, der uns die wichtigsten Erkennungs-merkmale vor Ort erklärt.

Es ist verständlich, daß jeder aktive Fledermausschützer bestrebt ist, die aufgefundene Art nach Möglichkeit exakt zu bestimmen. Für viele Fragestellungen ist dies aber nicht unbedingt notwendig. Es reicht zum Beispiel die Eingren-zung: kleine oder große Myotis etc. Wir sollten uns immer vor Augen halten: Der Schutz der Fledermäuse hat Vorrang vor einer zweifelsfreien Bestimmung.

Im Flug lassen sich mit hinreichender Sicherheit nur Großer Abendsegler, Breitflügelfledermaus, Langohr-Fledermäuse und Wasserfledermaus bestimmen.

Bestimmung fliegender Fledermäuse

Großer Abendsegler *(Nyctalus noctula)*
Flugsilhouette etwa starengroß, Flügel schlank, Schwanz keil-förmig(!), Flügelabschlag bis unter den Körper, hohe Flug-geschwindigkeiten (bis 60 km/h), steile Sturzflüge, Flughöhe meist über 15 m (bis 100 m!). Ruffreudig, sehr hohes und in-

tensives „Zi", unangenehm quietschend, meist nur von jünge-
ren Menschen zu hören, da oberhalb 16 kHz. Fliegt nur aus-
nahmsweise in Ortschaften.

Breitflügelfledermaus *(Eptesicus serotinus)*
Flugsilhouette starengroß, Flughöhe meist unter 15 m, nicht
über Bäume und Häuser hinausgehend, Flügel relativ breit,
Schwanz kurz, gerundet, am Hinterrand mehrzipfelig, Flügel-
abschläge seicht, selten bis unter den Körper, Flug langsam,
unter 30 km/h, bedächtig, auf mehrfach beflogenen Bahnen.
Einzige große Art in Städten, die schon bei Dämmerung
fliegt.

Schwanzflughaut keilförmig:
Großer Abendsegler (oben).
Schwanzflughaut mehr zipfelig:
Breitflügelfledermaus

Langohr *(Plecotus spec.)*
Flugsilhouette höchstens schwalbengroß, scharfe, hohe Tick-
Laute, meist schnell und gleichmäßig aneinandergereiht,
manchmal schickernd (wie Rotkehlchen), oft sehr hoch.
Fliegt besonders im März, April, aber auch August, Septem-
ber. Wälder, Parkanlagen; fliegen in völliger Dunkelheit.

Wasserfledermaus *(Myotis daubentoni)*
Flugsilhouette höchstens schwalbengroß, ständig sehr flach
über Gewässern jagend, tippt häufig auf die Wasseroberfläche. Keine hörbaren Lautäußerungen, jagt in Trupps,
bevorzugt nicht zu schmale Wasserläufe, Seen, Buchten.

Bestimmung nach äußeren Merkmalen

Um den Gebrauchswert des nachfolgenden Bestimmungsschlüssels zu erhöhen, sind alle 30 in Europa heimischen
Fledermausarten aufgenommen worden. Für die Bestimmung sind ein Lineal (besser Schieblehre) und eine Lupe
erforderlich.

Abkürzungen:
UA = Unterarm
T = Tragus (häutiger, meist schmaler Fortsatz,
der in die Ohrmuschel ragt)
E = Epiblema (häutiger Lappen am Spornbein)
P = Praemolar (Vorbackenzahn)

1a	Nase mit häutigem Aufsatz, Ohr ohne T	
	Familie Rhinolophidae (Hufeisennasen)	
	Gattung *Rhinolophus*	2
1b	Nase ohne Nasenaufsatz, Ohr mit T	6

2a UA kürzer als 41 mm; unterer Fortsatz des Nasensattelaufsatzes im Profil spitz und länger als oberer

Kleine Hufeisennase   Seite 75
(Rhinolophus hipposideros)

2b UA über 41 mm; unterer Fortsatz des Nasensattelaufsatzes im Profil nicht länger als oberer   3

3a	UA über 50 mm	4
3b	UA kürzer als 50 mm	5

4a UA über 50 mm, unterer spitziger Fortsatz und oberer stumpfer Fortsatz des Nasensattelaufatzes etwa gleich lang

Große Hufeisennase   Seite 76
(Rhinolophus ferrumequinum)

4b oberer Fortsatz des Nasensattelaufsatzes im Profil stumpf, nur wenig länger als unterer; Lanzette läuft in dünner Spitze aus; UA 50 bis 55 mm; dunkle Haare um Augen herum (Brille)

Mehely-Hufeisennase
(Rhinolophus mehelyi)

5a oberer Sattelfortsatz spitz, nach vorn gekrümmt, deutlich länger als unterer; Lanzette verjüngt sich gleichmäßig nach oben hin; 1. Glied des 4. Fingers weniger als halb so lang wie 2. Glied

Mittelmeerhufeisennase
(Rhinolophus euryale)

5b unterer Sattelfortsatz von vorn gesehen dünn und rundlich; 1. Glied des 4. Fingers mindestens halb so lang wie 2. Glied

Blasius-Hufeisennase *(Rhinolophus blasii)*

6a Mindestens ein Drittel des Schwanzes ragt über den Schwanzflughautrand hinaus
Familie Molossidae; einzige in Frage kommende Art

Bulldoggfledermaus *(Tadarida teniotis)*
Wurde einmal bei Basel gefunden. Regelmäßiges Vorkommen am Col de Bretolet/Walliser Alpen und in Südeuropa

6b Schwanz ragt höchstens 1 bis 2 Glieder über den Rand der Schwanzflughaut hinaus
Familie Vespertilionidae   7

Bestimmen von Fledermäusen

7a	Ohren über 30 mm lang; am Grunde verwachsen	
	Gattung *Plecotus*	8
7b	Ohren kürzer als 30 mm	9

8a Daumen über 6 mm lang; die Färbung variiert oberseits von Dunkelbraun bis zu Hell- und Rötlichbraun; Unterseite hellbraun bis weißlich, aber immer mit einem Stich ins Bräunliche; Penisende nicht verdickt; T auch an der Basis hell; Gesicht hell fleischfarben

Braunes Langohr *(Plecotus auritus)* Seite 92

8b Daumen unter 6 mm lang; Oberseite aschgrau oder braun mit einem Stich ins Graue, Unterseite weißlich, fast immer ohne einen bräunlichen Anflug; Penisende verdickt; T besonders an der Basis grau pigmentiert; Gesicht wirkt dunkel mit dunkler Augenmaske

Graues Langohr *(Plecotus austriacus)* Seite 94

9a Ohren breit und am Grunde verwachsen; Schnauze flach und von der Oberlippe bis zu den Ohren von zwei Furchen durchzogen, in die die Nasenlöcher eingesenkt sind; Färbung der Flughäute, Ohren, Extremitäten und das Gesicht schwärzlich; Rückenhaare schwarzbraun, oft mit hellen Spitzen

Mopsfledermaus Seite 108
(Barbastella barbastellus)

9b	Ohren sitzen weit voneinander getrennt	10

10a Sehr kleine, fast quadratische Ohren, die kaum über das Fell hinausragen; deutliche Grenze zwischen den aufrecht stehenden Kopfhaaren und den seidig anliegenden Rückenhaaren; Flügel am Grunde breit, gegen das Ende spitz zulaufend; kein E; UA 42 bis 48 mm

Langflügelfledermaus Seite 110
(Miniopterus schreibersi)

10b Ohren meist länger als breit; keine deutliche Grenze zwischen den Kopf- und Rückenhaaren   11

11a Hinterfußsporn ohne E, Ohren länger als breit und häutig dünn; T langgestreckt und nach oben allmählich schmäler werdend, mindestens $3^1/_2$ mal so lang wie breit; kleine bis sehr große Arten

Gattung *Myotis*   12

| 11 b | Hinterfußsporn mit deutlich erkennbarem E; Ohren breit und ledrig dick; T relativ kurz und breit, höchstens $3^1/_2$ mal so lang wie breit; kleine bis sehr große Arten Gattungen *Nyctalus, Pipistrellus, Eptesicus, Vespertilio* | 21 | |

| 12 a | UA länger als 50 mm | 13 |
| 12 b | UA kürzer als 50 mm | 14 |

| 13 a | Ohr länger als 25,5 mm; Ohrvorderrand stark nach hinten gebogen; Schnauze relativ lang und Augen relativ groß |

Mausohr *(Myotis myotis)*　　　　　Seite 87

| 13 b | Ohr kürzer als 25,5 mm; Ohrvorderrand relativ gerade, so daß das Ohr eine gestreckte Form zeigt; Schnauze relativ kurz und Augen relativ klein |

Kleines Mausohr *(Myotis oxygnathus)* Nächstes Vorkommen im südöstlichen Österreich; in Südeuropa verbreitet

| 14 a | Ohr sehr lang, über 20 mm; UA 39 bis 45 mm |

Bechsteinfledermaus *(Myotis bechsteini)*　　Seite 85

| 14 b | Ohr kürzer als 20 mm | 15 |

| 15 a | Flughautrand zwischen Schwanz und Spornspitze ist runzelig und mit zwei übereinanderliegenden Reihen starrer, etwas abwärts gekrümmter Härchen besetzt; Ohr im oberen Drittel leicht geschwungen; T überragt deutlich die Ohrmitte; Hinterfußsporn S-förmig geschweift |

Fransenfledermaus *(Myotis nattereri)*　　Seite 83

| 15 b | Flughautrand zwischen Schwanz und Spornspitze nicht runzelig und ohne starre Härchen; wenn Härchen vorhanden, sind diese so fein, daß sie nur im Gegenlicht gut erkennbar sind | 16 |

| 16 a | Hinterfußsporn nimmt weniger als zwei Drittel des Schwanzflughautrandes ein; Ohrhinterrand zeigt scharfe Einbuchtung; T ist nicht flach S-förmig geschweift | 17 |

| 16 b | Hinterfußsporn nimmt zwei Drittel oder mehr des Schwanzflughautrandes ein; Ohrhinterrand meist ohne deutliche Einbuchtung; wenn Einbuchtung vorhanden, ist T flach S-förmig geschweift und überragt die Einbuchtung | 19 |

| 17 a | T überragt die Einbuchtung des Ohrhinterrandes; Tier klein, UA 31 bis 39 mm; Ohren und Flughäute dunkel | 18 |

17b	T überragt die Einbuchtung des Ohrhinterrandes nicht; die Einbuchtung ist stark ausgeprägt, fast rechtwinklig; Rückenpelz locker wollig; Rückenhaare grau mit rotbraunen Spitzen, so daß Pelz einen rötlichen Schimmer zeigt; UA 36 bis 42 mm	
	Wimperfledermaus *(Myotis emarginatus)*	
18a	UA 33 bis 39 mm; Ohren, Gesicht und Flughäute bräunlich; Ohrrand und T Basis hell fleischfarben; Rückenfell bei ausgewachsenen Tieren hellbraun, oft mit Goldglanz; Penisende verdickt; P_1 nicht deutlich kleiner als P_2	
	Große Bartfledermaus *(Myotis brandti)*	
18b	UA 31 bis 37,7 mm; Ohren, Gesicht und Flughäute schwärzlich; Ohrrand vorn nicht aufgehellt; Rückenfell überwiegend graubraun bis schwarzbraun; Penis gleichförmig dünn; P_2 deutlich kleiner als P_1	
	Kleine Bartfledermaus *(Myotis mystacinus)*	
19a	T ist länger als die halbe Ohrlänge; T flach S-förmig geschweift; Schwanzflughaut ober- und unterseits meist flaumig behaart; UA 38 bis 44 mm	
	Langfußfledermaus *(Myotis capaccinii)* Nächstes Vorkommen in der Südschweiz; in Südeuropa weit verbreitet	
19b	T nicht S-förmig; T kürzer als die halbe Ohrlänge	20
20a	UA unter 41 mm; T etwa halb so lang wie Ohr	
	Wasserfledermaus *(Myotis daubentoni)*	
20b	UA über 41 mm; T für eine Myotis sehr kurz, kürzer als halbe Ohrlänge	
	Teichfledermaus *(Myotis dasycneme)*	
21a	T verbreitert sich ab der Mitte plötzlich auf das Doppelte, wirkt dadurch „pilzförmig"; mittelgroße bis sehr große Tiere mit langen, sehr schmalen Flügeln; UA 38 bis 74 mm Gattung *Nyctalus*	22
21b	T verbreitert sich nach oben nicht oder nur allmählich	24
22a	UA unter 46 mm; Rückenhaare deutlich zweifarbig; unterer Teil dunkelbraun, oberer Teil hellbraun	
	Kleiner Abendsegler *(Nyctalus leisleri)*	
22b	UA über 46 mm; Rückenhaare einfarbig rotbraun oder hellbraun	23

23a UA unter 60 mm

Großer Abendsegler *(Nyctalus noctula)* Seite 96

23b UA über 60 mm

Riesenabendsegler *(Nyctalus lasiopterus)* Verbreitung nur lückenhaft bekannt; nächstes Vorkommen in der Schweiz

24a T fast so breit wie lang; Rückenhaare mit hellen Spitzen; UA 31 bis 38 mm

Alpenfledermaus *(Pipistrellus savii)* Seite 111
Südeuropäische Art, die nur vereinzelt im südlichen Mitteleuropa gefunden wurde. Die meisten deutschen Funde beruhen auf Verwechslung mit *P. nathusii*

24b länger als breit 25

25a UA unter 37 mm 26
25b UA über 37 mm 28

26a Daumen länger als die Breite des Handgelenks; zwischen 5. Finger und dem Hinterfuß manchmal ein verwaschener weißer Rand; 5. Finger 42–48 mm

Rauhhautfledermaus *(Pipistrellus nathusii)* Seite 107

26b Daumen kürzer als die Breite des Handgelenks oder gleich lang 27

27a Scharf abgesetzter, ca. 1 mm breiter weißer Rand zwischen 5. Finger und Hinterfuß (fast immer vorhanden, kann aber gelegentlich fehlen); Ohr relativ breit; Ohrform entspricht etwa einem gleichseitigen Dreieck; UA 29 bis 36 mm

Weißrandfledermaus *(Pipistrellus kuhli)* Südeuropäische Art; nächstes Vorkommen bei Genf

27b Zwischen 5. Finger und Hinterfuß kein oder nur ein verwaschener weißer Rand; Ohr relativ schmal; Ohrform entspricht etwa einem gleichschenkligen Dreieck mit kürzerer Basis; UA 28 bis 33 mm; 5. Finger unter 42 mm

Zwergfledermaus *(Pipistrellus pipistrellus)* Seite 105

28a Hinterer Ohrrand verläuft in einem Bogen bis unter die Linie des Mundspalts, steigt wieder an und endet am Mundwinkel; Rückenhaare dunkel mit weißlichen Spitzen („schimmelig"); helle Unterseite scharf von der dunklen Oberseite abgesetzt

Zweifarbfledermaus *(Vespertilio discolor)* Seite 103

| 28b | Hinterer Ohrrand läuft höchstens bis auf Höhe des Mundspaltes herab und endet nicht direkt am Mundwinkel | |
| | Gattung *Eptesicus* | 29 |

29a UA 37 bis 43 mm; Haare zweifarbig: Basen schwarzbraun; obere Teile der Bauchhaare braungelb, der Rückenhaare goldbraun glänzend; der Pelz erhält dadurch auf dem Rücken einen charakteristischen „Goldschimmer"; Ohrhinterrand läuft hinunter bis auf die Höhe des Mundspalts, reicht aber nicht bis zum Mundwinkel vor

Nordfledermaus *(Eptesicus nilssoni)*   Seite 101

29b UA über 49 mm

Breitflügelfledermaus   Seite 99
(Eptesicus serotinus)

29b UA unter 49 mm (da es noch ungeklärt ist, ob die als sodalis beschriebenen Tiere einer eigenen Art angehören oder extrem kleine serotinus-Exemplare sind, kann ein Exemplar zunächst nur mit Vorbehalt der Form sodalis zugesprochen werden; solch ein Exemplar sollte wegen seiner taxonomischen Wichtigkeit aber dann einem Systematiker zugänglich gemacht werden)

Gesellschaftsfledermaus
(Eptesicus sodalis)

Fledermausschutz in den Bundesländern

Schleswig-Holstein

Zuständig:

Landesamt für Naturschutz und Landschaftspflege Schleswig-Holstein
Hansaring 1
2300 Kiel 1
Tel. 0431–711069

Kein Artenschutzprogramm, keine Fachkraft; Referat Artenschutz des Landwirtschaftsministeriums finanziert einige Schutzmaßnahmen; weitere Finanzierungen über Landkreise, Gemeinden und Forst. Bat-Detectoren, Werkverträge für AG Fledermausschutz. Ehrenamtlicher Fledermausschutz: ca. 10 bis 15 Aktive in Arbeitsgruppe Fledermausschutz und Fledermausforschung: Kartierungen, Schutzmaßnahmen, Daten werden an LA weitergegeben; Öffentlichkeitsarbeit: Vorträge, Presseinformationen, Schutzaktionen, Aufrufe, Broschüre; Treffen 1–2/Jahr. Ansprechpartner:

AG Fledermausschutz
c/o Dr. Ulrich Jüdes
Dorfstraße 15 A
2419 Kulpin
Tel. 04541–3781

Dr. Harald Pieper
Zoologisches Museum
Hegewischstraße 3
2300 Kiel

Hamburg

Zuständig:

Naturschutzamt Hamburg
Steinsdamm 22
2000 Hamburg 1
Tel. 040–248251

1979 Umfrage; 1982–1983 Kartierung von Kleinsäugern incl. Fledermäusen; 1985 Veröffentlichung der Ergebnisse. Keine Fachkraft, kein Etat, keine Umsetzung der Kartierungsergebnisse.
Ehrenamtlicher Fledermausschutz: AG Fledermaus innerhalb des Deutschen Bundes für Vogelschutz (DBV): Kartierung, wenige Schutzmaßnahmen, Bat-Detector-Einsatz; Finanzierung: DBV; Öffentlichkeitsarbeit: Aufrufe, Pressemitteilungen. Ansprechpartner:

Rainald Hoffmann
c/o DBV-Geschäftsstelle
Habichtstraße 125
2000 Hamburg 60
Tel. 040–616664

Bremen

Zuständig:

Der Senator für Umwelt und Gesundheit
Birkenweg 34
2800 Bremen 1
Tel. 0421–3611

Keine Fachkraft; kein Etat; das Referat für Biotop- und Artenschutz bearbeitet Fledermäuse nebenbei; Schutzmaßnahmen nur auf Initiative von Interessierten; finanzielle Unterstützung durch Land, Forst möglich.
Ehrenamtlicher Fledermausschutz: keine Aktivitäten; 1983 Veröffentlichung von Flugbeobachtungen durch 2 Mitarbeiter der Universität Bremen.

Niedersachsen

Zuständig:

Niedersächsisches
Landesverwaltungsamt
Fachbehörde für Naturschutz
Scharnhorststraße 1
3000 Hannover 1
Te. 0511/108–5286

Seit 1976 Fledermauserfassungsprogramm durch Umfrage; 1986–1987 eine befristete Stelle für Fledermausschutz; 1988 ein Werkvertrag: Erfassung von Sommer- und Winterquartieren, Sicherung von Quartieren landesweit (Etat 1986: 2000 DM; 1987: 10000 DM). Betreuung und Beratung von Kartierungsaufträgen, die von Bezirksregierung vergeben und finanziert werden; Koordination von 25 ehrenamtlichen Quartierbetreuern; 1 Jahrestreffen. Öffentlichkeitsarbeit: Fledermausschutzbroschüre, Verbreitungskarten, Seminar für Interessierte.
Ehrenamtlicher Fledermausschutz: 25 Regionalbetreuer, darüber hinaus einzelne Aktive, die kartieren, Schutzmaßnahmen einleiten, Daten an Fachbehörden melden; Erfassung mit Bat-Detector: 5 Regionalbetreuer. Ansprechpartner:

Alfred Benk
Peperfeld 10
3000 Hannover 91
Tel. 0511–468347

Friedel Knolle
Thilingstraße 38
3380 Goslar
Tel. 05321–85101

Bärbel Pott
c/o Niedersächsisches
Landesverwaltungsamt
Fachbehörde für Naturschutz
Scharnhorststraße 1
3000 Hannover 1
Tel. 0511–108–5320

Nordrhein-Westfalen

Zuständig:

Landesanstalt für Ökologie,
Landschaftsentwicklung und
Forstplanung (LÖLF)
Leipnitzstraße 10
4350 Recklinghausen
Tel. 02361–3051

1979–1986 Fledermauskartierungsprogramm durch Umfrage. Keine spezielle Fachkraft im Amt; kein spezielles Artenhilfsprogramm;
Mehrere Bat-Detectoren angeschafft, Einsatz nicht effektiv; ehrenamtlichen Mitarbeitern wurden geringe Fahrtkostenzuschüsse gewährt. Werkverträge für Kartierung; Öffentlichkeitsarbeit: diverse Merkblätter.
Ehrenamtlicher Fledermausschutz: 20 Personen im Arbeitskreis Fledertierschutz: Kartierung von Sommer- und Winterquartieren, Jagdrevieren; Daten werden LÖLF zur Verfügung gestellt (meist unentgeltlich); Schutzmaßnahmen: mit privaten Geldern, zum Teil Zuschüsse von Städten, Gemeinden, Kreisen, Verbänden, Forsten, LÖLF; Öffentlichkeitsarbeit: Ausstellungen, Presseartikel; Treffen 1mal im Jahr. Ansprechpartner:

AK Fledertierschutz
c/o Matthias Vetten
Schloßstraße 78
4000 Düsseldorf
Tel. 0211–487334

Dr. Henning Vierhaus
Teichstraße 13
4772 Bad Sassendorf-Lohne
Tel. 02921–55623

Karl-Hans Taake
Sieben Bauern 31
4959 Minden
Tel. 0571–46438

Hessen

Zuständig:

Hessische Landesanstalt für
Umweltschutz
Aarstraße 1
6200 Wiesbaden
Tel. 06121–5810

Artenschutzprogramm auf ehrenamtlich Aktive übertragen; keine Fachkraft; Finanzierung durch Stiftung Hessischer Naturschutz.
Ehrenamtlicher Fledermausschutz: 20–25 Aktive in AG Fledermausschutz in Hessen: Kartierung von Sommer- und Winterquartieren, Jagdrevieren; Kasteneinsatz; Schutzmaßnahmen: Verschluß von Winterquartieren in Zusammenarbeit mit Gesellschaft für Ornithologie und Naturschutz (HGON); Erfassung von Hausquartieren flächendeckend. Etat: insgesamt seit 1985 423500 DM für Ausrüstung, Büro, Fahrtkosten, Verschlüsse, Fledermauskästen, chemisch-biologische Untersuchung von Totfunden.
Ansprechpartner:

Dr. Dieter Kock und
Hartmut Georg
Senckenberginstitut
Senckenberganlage 25
6000 Frankfurt/M.
Tel. 069–7542–343/333

Manuel Begert
Frankfurter Straße 5
6238 Hofheim/Ts.
Tel. 06192–36732

Rheinland-Pfalz

Zuständig:

Landesamt für Umweltschutz
Rheinland-Pfalz
Amtsgerichtsplatz 1
6504 Oppenheim
Tel. 06133–2012

Seit November 1986: Artenschutzprogramm Fledermäuse:
Erfassung von Sommerquartieren per Umfrage als Grundlage
für Schutzmaßnahmen; 3-Jahres-
Programm (Etat: 100 000 DM);
weitere Programme geplant;
keine spezielle Fachkraft, aber
per Werkvertrag 3 Bezirksbe-
treuer, 1 Betreuer landesweit;
Fledermausbroschüre in Vor-
bereitung.
Ehrenamtlicher Fledermausschutz: Arbeitskreis Fledermausschutz Rheinland-Pfalz mit ca.
12–15 Aktiven: Kartierung von
Sommer-und Winterquartieren,
Jagdbiotopen; Daten werden
an Landesamt gemeldet (meist
unentgeltlich); regional Einsatz
von Bat-Detector und Kästen;
Schutzmaßnahmen mit privaten Geldern, Zuschüsse von
Städten, Gemeinden, Kreisen,
auch vom Landesamt; im
Regierungsbezirk Koblenz 1
Kreisbetreuer; Öffentlichkeitsarbeit: Presse, Aufrufe; 1 Treffen
im Jahr. Ansprechpartner:

Michael Veith
Universität Mainz
Institut für Zoologie
Saarstraße 21
6500 Mainz
Tel. 06131–392718

Manfred Weishaar
Im Hainbruch 3
5501 Gusterath
Tel. 06588–515

Heinz Wissing
Trifelsstraße 25
6741 Ilvesheim
Tel. 06341–30417

Saarland

Zuständig:

Landesamt für Umweltschutz
Heilwegstraße 13
6600 Saarbrücken
Tel. 0681–85000

Kein Artenschutzprogramm;
keine Kartierung; kein Etat für
Schutzmaßnahmen; ab März
1988: befristete Stelle für
Fledermausschutz. Geplant:
Kartierung; Schutzmaßnahmen;
Öffentlichkeitsarbeit; Broschüre;
Gründung eines Arbeitskreises.
Ehrenamtlicher Fledermaus-
schutz: 1 Aktive, die seit 3 Jah-
ren Quartiere betreut, sichert,
Presse informiert, Seminare
durchführt und einen grenz-
übergreifenden Arbeitskreis mit
Aktiven aus Frankreich, Luxem-
burg, Rheinland-Pfalz gegründet
hat; Treffen 2mal im Jahr.
Ansprechpartner:

Christine Harbusch
Gräfinthaler Straße 22
6601 Bliesransbach
Tel. 06805–2891

Baden-Württemberg

Zuständig:

Landesanstalt für Umwelt-
schutz (LFU)
Institut für Ökologie und
Naturschutz
Bannwaldallee 32
7500 Karlsruhe 21
Tel. 0721–84061

Kein Artenschutzprogramm;
Finanzierung von anfallenden
Schutzmaßnahmen; Werkver-
träge: bei Regierungspräsidien,
Landratsämtern, Bezirksstellen.
Nordbaden: 1980–1982
3-Jahres-Projekt: 1 Fachkraft,
Kartierung, Gründung einer
Arbeitsgruppe, Planung von
Schutzmaßnahmen; ab 1983
ehrenamtlich als AG weiterge-
führt.
Ehrenamtlicher Fledermausschutz: AG Südbaden, AG
Nordbaden, mehrere AGs in
Württemberg; Treffen regiona-
ler Gruppen mehrmals im Jahr;
Kartierungen, Schutzmaßnahmen, Kasteneinsatz; Höhlen-
betreuung; Finanzen: Südbaden
3 000–4 000 DM/Jahr durch
Regierungspräsidium/Landrats-
ämter; Nordbaden und Württemberg durch Bezirksstellen.
1987 Veröffentlichung aller AGs
gemeinsam: Fledermäuse in
Baden-Württemberg 1980–
1987. Ansprechpartner:

Prof. Erwin Kulzer
Institut für Biologie III
Auf der Morgenstelle 28
7400 Tübingen
Tel. 07071–292623

Monika Braun
Koordinationsstelle für
Fledermausschutz Nordbaden
c/o Landessammlungen für
Naturkunde Karlsruhe
Erbprinzenstraße 13
7500 Karlsruhe 1
Tel. 0721–175133

Dr. Alfred Nagel
Zoologisches Institut der
Universität Frankfurt
Siesmayerstraße 70
6000 Frankfurt/M 11
Tel. 069–7984773

Martina Esche
Alban-Stolz-Straße 20
7800 Freiburg
Tel. 07240–5712

Arbeitsgemeinschaft
Fledermausschutz
Institut für Biologie I
Universität Freiburg
Albertstraße 21a
7800 Freiburg i. Br.
Tel. 0761–700508

Bayern

Zuständig:

Bayerisches Landesamt für
Umweltschutz
Rosenkavalierplatz 3
8000 München 81
Tel. 089–92141

Bis 1986/87: 1 Fachkraft (halb-
tags); 2 Koordinationsstellen in
Süd- und Nordbayern; Etat
(unregelmäßig): 120 000 bis
150 000 DM/Jahr.
Südbayern: Bestandserhebung,
Schutzmaßnahmen, Werkver-
träge (2–3 Jahre), Forschungs-
auftrag seit 1985: Schutz und
Bestand von Fledermäusen in
Rosenheim; Finanzierung durch
Umweltministerium; Bau eines
Fledermausturmes (30 000 DM);
4 Diplomarbeiten (Uni
München); Kästeneinsatz,
Verschlüsse, Holzschutzmittel
finanziert durch Landkreise,
Forsten, Kirche, Landesbund für
Vogelschutz; Ausstellungen.
Nordbayern: Artenschutzpro-
gramm in Planung; Finanzie-
rung von Schutzmaßnahmen
(Verschlüsse); 2 ABM-Stellen:
Kartierung und Schutz.

Ansprechpartner:

Dr. Klaus Richarz
Regierung von Oberbayern
Höhere Naturschutzbehörde
Maximilianstraße 39
8000 München 22
Tel. 089–2176213

Georg Schlapp
Regierung von Mittelfranken
Höhere Naturschutzbehörde
Schloß
8800 Ansbach
Tel. 0981–53410

Ehrenamtlicher Fledermausschutz: 20 Aktive in Arbeitsgruppe der Verbände BUND
e. V. und Landesbund für Vogelschutz; Kartierungen, Schutzmaßnahmen in Zusammen-
arbeit mit Regierung von Mittelfranken, Oberbayern; 4–5
Diplomarbeiten.
Ansprechpartner:

Prof. Dr. Otto v. Helversen und
Dr. Hans-Georg Heller
Zoologisches Institut II
Universität Erlangen
Staudtstraße 5
8520 Erlangen
Tel. 09131–858051

Prof. Dr. Gerhard Neuweiler
Zoologisches Institut
Universität München
Luisenstraße 14
8000 München 2

Berlin

Zuständig:

Senator für Stadtentwicklung
und Landschaftspflege
Lindenstraße 20–25
1000 Berlin 61
Tel. 030–25860

Seit 1986 Artenhilfsprogramm
mit Etat von 20 000 DM: Kar-
tierung, Durchführung von
Schutzmaßnahmen durch
ehrenamtlich Aktive und Büro
„Ökologie + Planung"; keine
Fachkraft im Amt; für konkrete
Schutzmaßnahmen genügend
Gelder, Koordinierung durch
ehrenamtliche Kräfte.

Ehrenamtlicher Fledermausschutz: 5 Aktive in Arbeitsgemeinschaft Fledermausschutz:
Kartierung; Schutzmaßnahmen;
Öffentlichkeitsarbeit, Presseinformationen, Exkursionen.
Ansprechpartner:

Jürgen Klawitter
Marschnerstraße 22
1000 Berlin 45
Tel. 030–8345860

Anschriften

Diareihe „Fledermäuse"
Hrsg. Schweizerisches Zentrum für Umwelterziehung (SZU), World Wildlife Fund (WWF), Vertrieb in der Bundesrepublik (ca. 82 DM):
BUND e.V.
Erbprinzenstraße 18
D-7800 Freiburg

Unterrichtseinheit „Fledermäuse"
Schweizerisches Zentrum für Umwelterziehung (SZU)
Rebbergstraße
CH-4800 Zofingen

Lehrerservice des WWF-Schweiz
Postfach 8037
CH-1000 Zürich

Filme
Institut für den wissenschaftlichen Film
Nonnenstieg 72
D-3400 Göttingen

Film-Nr. C 1094:
Kolb, A.: Biologie der Mausohrfledermaus *Myotis myotis*

Film-Nr. C 884:
Kolb, A.: Sinnesleistungen der Fledermaus *Myotis myotis* bei der Nahrungsaufnahme vom Boden

Institute für Film und Bild in Wissenschaft und Unterricht (Landes-, Kreis- und Stadtbildstellen der Bundesrepublik):
Film-Nr. F 366:
Fledermäuse (5 Arten)

Moody Institute of Science, Los Angeles:
Film-Nr. W 365:
Blind as a Bat
(Ultraschall-Orientierung)

Bat-Detectoren
Mini-Bat-Detector für ca. 280 DM (ohne Versandkosten) zu beziehen durch:
QMC Instruments Ltd.
229 Mile End Road
GB-London E 14 AA

FLAN 2.2 (Fledermaus-Analysator) für ca. 600 DM zu beziehen durch:
Heinz-Helmuth Grimm
Nachrichtentechnik
Postfach 1266
D-6114 Groß-Umstadt
Tel. 06378 - 71700

Tonbandkassette mit Ultraschalltönen
„European Bat Sounds" transformed by ultrasonic detectors
25 Species flying in natural habitats
Zu beziehen durch:
Ingemar Ahlén
Department of Wildlife Ecology (SLU)
Box 7002
S-750 07 Uppsala
Sweden

Fledermausziegel
Arbeitsgemeinschaft Ziegeldach e.V.
Schaumburg-Lippe-Straße 4
D-5300 Bonn

Heißluftverfahren
RUHO-Bautenschutz GmbH
Holtfeld 101-111
D-4807 Borgholzhausen

Fledermauskästen
Natur- und Vogelschutzbedarf
Gerhard Strobel
Tulpenstraße 10
7031 Weil 3/Breitenstein
Tel. 07031-52312

Karl Grund Vogelschutzgeräte
8425 Neustadt/Donau
Tel. 09445-310

PURUS - Dr. Reichle
Postfach 31
6800 Mannheim
Tel. 0621-471517

SCHWEGLER-Vogelschutzgeräte GmbH
Heinkelstraße 35
7060 Schondorf
Tel. 07181-5037

Mitteilungsblätter und Zeitschriften für Fledermaus-Freunde
BRD: „Myotis"
(erscheint jährlich zum Preis von 15 bis 20 DM), zu beziehen durch:
Zoologisches Forschungsinstitut und Museum Alexander König
Adenauerallee 150–164
D-5300 Bonn 1

DDR: „Nyctalus"
Mitteilungen aus der Arbeitsgruppe für Fledermausschutz und -forschung der DDR
(erscheint unregelmäßig), zu beziehen durch Schriftentausch bei:
Tierpark Berlin
Am Tierpark 125
DDR-1136 Berlin

G.B.: „Bat News"
(erscheint vierteljährlich, frei für Mitglieder der FFPS, Jahresbeitrag etwa 45 DM), zu beziehen durch:
Fauna and Flora Preservation Society (FFPS)
c/o Zoological Society of London
Regent's Park
London NW1 4RY
Great Britain

Literatur

Ahlén, J.: Identification of Scandinavian Bats by their sounds. Swedish Univers. of Agricultural Sciences, Department of Wildlife Ecology, Rapport 6, Uppsala, 1981.

Blab, J.: Grundlagen für ein Fledermaushilfsprogramm. Kilda, Greven, 1980.

Baagøe, H.: Summer Occurence of Vespertilio murinus LINNÉ-1758 and Eptesicus serotinus (SCHREBER, 1780) (Chiroptera, Mammalia) on Zealand, Denmark, based on records of roosts and registrations with bat detectors. Ann. Naturhist. Mus. Wien 88/89 B: 281–291, 1986.

Benk, A. u. R. Berndt: Der Kleinabendsegler Nyctalus leisleri (Kuhl, 1818) in der Bickelsteiner Heide. Braunschweiger Naturk. Schr. 1,2/ 177–182, 1981.

Braun, M., L. Simon u. G. Wagner: Zwei bemerkenswerte Fledermausfunde (Chiroptera: Rhinolophus hipposideros und Vespertilio murinus) in Rheinland-Pfalz. Natursch. u. Ornithologie in Rheinl.-Pfalz, Band 2, Nr. 4. 773–775, 1983.

Braun, M.: Rückstandsanalysen bei Fledermäusen, Z. Säugetierkunde 51: 212–217, 1986.

Bühler, P. und K. König: Die Fledermäuse Europas: Landesstelle f. Naturschutz u. Landschaftspflege Baden-Württemberg, Heft 32, Ludwigsburg, 1964.

Ebert, A., Hrsg.: Naturschutzrecht. Beck-Texte, dtv, 1987.

Frank, H.: Fledermausbeobachtung in Höhlen der Schwäbischen Alb in den Wintern 1965–1970. Decheniana 18: 95–97, 1971.

Gaukler, A. u. M. Kraus: Über ein Massenquartier winterschlafender Mausohren (Myotis myotis) in einer Höhle der Frankenalb. Bonn. Zool. Beitr. 14, 3/4: 187–205, 1963.

Gebhard, J.: Unsere Fledermäuse, Naturhistor. Museum, Basel, 1985.

Geluso, K. N., Altenbach J. S. und D. E. Wilson: Bat Mortality: Pesticide Poisoning and Migratory Stress. Science 194: 184–186, 1976.

Görner, M. u. H. Hackethal: Säugetiere Europas. Enke, Stuttgart, 1988.

Heckenroth H. u. B. Pott (Manuskript): Ergebnisse des Nds. Fledermauserfassungsprogrammes im Zeitraum von 1980–1986. Nds. LVwA, Fachbehörde f. Naturschutz, Hannover.

Heise, G.: Interspezifische Vergesellschaftungen in Fledermauskästen. Nyctalus (N.F.) 1,6: 518–520, 1983.

Heise, G.: Zur Erstbesiedlung von Quartieren durch „Waldfledermäuse". Nyctalus (N.F.) 2,2: 1991–197, 1985.

Issell, B. u. W. u. M. Mastaller: Zur Verbreitung und Lebensweise der Fledermäuse in Bayern. Myotis 15, 1977.

Jüdes, U. (o.J.): Fledermäuse und ihr Schutz. Arbeitsgruppe Fledermausschutz, Dorfstr. 15 A. 2419 Kulpin.

Jüdes, U.: Zum Problem der „Tollwut" bei Fledermäusen. Myotis 25: 41–64, 1987.

Jüdes, U.: Nachweis fliegender Fledermäuse mittels Fledermausdetektor im Kreis Herzogtum Lauenburg im Jahre 1984. Nyctalus (N.F.) 2,3/4: 261–271, 1987.

Klawitter, J. u. H. Vierhaus: Feldkennzeichen fliegender Abendsegler, Nyctalus noctula (Schreber, 1774) und Breitflügelfledermäuse, Eptesicus serotinus (Schreber, 1774). Säugetierkdl. Mitt. 23: 212–222, 1975.

Klawitter, J.: Ein Vorschlag zum praktischen Fledermausschutz – Die Einrichtung eines Winterquartiers. Berliner Naturschutz-Blätter (BNB) 20, (57): 170–172, 1976.

Klawitter, J.: Bestandsentwicklung, Gefährdung und Schutz der Fledermäuse in Berlin (West). BNB 30 (4): 74–85, 1986.

Klawitter, J.: Verbreitung und Häufigkeit von Fledermausarten im Spandauer Forst, Berlin (West). Sitzungsberichte der Gesellschaft Naturforschender Freunde zu Berlin (N.F.) Bd. 27, 1987.

Knolle, F.: Totfunde von Fledermäusen (Chiroptera) in unterirdischen Quartieren des niedersächsischen Harzes. Nyctalus (N.F.) 1,4/5: 380–382, 1982.

Knolle, F: Notwendigkeit und Technik des fledermausfreundlichen Verschlusses unterirdischer Hohlräume. Natur und Landschaft 60 (6): 248–250, 1985.

Knolle, F.: Anlage eines künstlichen Fledermaus-Winterquartiers im Zuge einer Straßenbaumaßnahme. Natur und Landschaft 63, 1: 20–21, 1988.

Kulzer, E.: Winterschlaf. Stuttgart. Beitr. f. Naturkunde, Serie C, Heft 14, 1981.

Kulzer, E.: Fledermäuse und Holzschutzmittel – ein

Konflikt? Der praktische Schädlingsbekämpfer, 37 (9), 1985.

Laufens, G.: Beiträge zur Biologie der Fransenfledermäuse (Myotis natteri Kuhl, 1818). Z. f. Säugetierkunde 38: 1–4, 1963.

Maywald, A.: Das Fledermausdrama von Wietzendorf. Wir und die Vögel 14, 5: 15, 1982.

Nagel, A.: Erfolgreiche Ansiedlung von Fledermäusen mit Fledermauskästen. Allgemeine Forstzeitschrift 8, 1987.

Nagel, A. u. J. Disser: Untersuchungen zur Belastung einer Wochenstube von Zwergfledermäusen (Pipistrellus pipistrellus) mit Chlorkohlenwasserstoffen. Verh. Dtsch.Zool.Ges. 80, 296–297, 1987.

Nagel, A., H. Frank, R. Nagel u. M. Baumeister: Vorkommen und Bestandsentwicklung winterschlafender Fledermäuse auf der Schwäbischen Alb mit Berücksichtigung der Auswirkung von Schutzmaßnahmen. Laichinger Höhlenfreund 22 (1): 45–58, 1987.

Natuschke, G.: Heimische Fledermäuse. Neue Brehm Bücherei, Ziemsen Wittenberg. Heft 269, 1960.

Ohlendorf, B. (i. Druck): Zur Verbreitung und Biologie der Nordfledermaus, Eptesicus nilssoni (Keyserling u. Blasius 1839), in der DDR.

Piper, H. u. W. Wilden: Die Verbreitung der Fledermäuse (Mamm.: Chiroptera) in Schleswig-Holstein und Hamburg 1945–1979. Supplement zu Faunistisch-Ökologische Mitteilungen.

Hrsg. im Auftrage der Faunistisch Ökologischen Arbeitsgemeinschaft. Wachholtz Neumünster, 1980.

Pir, J. u. F. Riesgen: Wintererhebung der Fledermäuse in Luxemburg. Ökologische Grundlagen für den praktischen Naturschutz, Teil 3. Hrsg.: Mouvement Ecologique Régionale Westen, 1987.

Richardson, P.: Bats. Inforum Ltd., Portsmouth, 1985.

Richarz, K.: Bedrohung und Schutz der Gebäudefledermäuse. Schriftenreihe Bayer. Landesamt f. Umweltschutz 73: 15–35, 1986.

Richarz, K.: Wir tun was für unsere Fledermäuse. (Hrsg. Steinbach), F. Schneider, München, 1986.

Roer, H.: Zur Verbreitung und Ökologie der Großen Bartfledermaus, Myotis brandti (Eversmann, 1845) im mitteleuropäischen Raum. Säugetierkundl. Mitt. 23: 138–143, 1975.

Roer, H.: Zur Populationsentwicklung der Fledermäuse (Mammalia, Chiroptera) in der Bundesrepublik Deutschland unter besonderer Berücksichtigung der Situation im Rheinland. Z. Säugetierk. 42: 265–278, 1977.

Roer, H.: Gefährdung und Schutz mitteleuropäischer Wanderfledermäuse. Natur und Landschaft 54 (6): 192–197, 1979.

Roer, H. u. A. Krzanowski: Zur Verbreitung der Fledermäuse Norddeutschlands (Niedersachsen, Bremen, Hamburg und Schleswig-Holstein) von 1945–75. Myotis 13: 3–43, 1975.

Schmidt, A.: Möglichkeiten der Bestandserhaltung und Bestandshebung bei unseren Waldfledermäusen. Beeskower nat. wiss. Abh. 1: 28–36, 1987.

Schober, W. u. E. Grimmberger: Die Fledermäuse Europas. Franckh, Stuttgart, 1987.

Schober, W.: Mit Echolot und Ultraschall. Herder Freiburg, 1983.

Schröpfer R., R. Feldmann und H. Vierhaus: Die Säugetiere Westfalens. Westf. Museum f. Naturkunde, Landschaftsverband Westfalen-Lippe, Münster, 1984.

Stebbings, R.: Bats. Mammal Society Series. A. Nelson Ltd. Oswestry, Shropshire, 1986.

Swift, S. M. u. Racey, P. A.: The residual effects of timber treatments on bats, 2nd Europ.Symp.Bat Res., Bonn, 1983.

Voute, A.M.: Management Effects on Bat Hibernacula in The Netherlands. Biological Conservation 38: 163–177, 1986.

Vierhaus, H. u. J. Klawitter: Zur Feldbestimmung westfälischer Fledermäuse. Natur- u. Landschaftsk. Westf. 14, 3: 86–92, 1978.

Weißbrodt, A.: Das Heißluftverfahren – eine fledermausfreundliche Methode zur Bekämpfung tierischer Holzzerstörer im Dachboden. Myotis 20: 2–10, 1982.

Wolz, I.: Wochenstuben-Quartierwechsel bei der Bechsteinfledermaus. Z. f. Säugetierkunde 51: 65–74, 1986.

Bildnachweis

Zeichnungen von Fred Butzke, Balge, und Erhard Poßin, Lüneburg, nach Vorlagen des Verfassers.
J. Klawitter, Berlin: Seite 81.
J. L. Lepove/OKAPIA: Seite 26.

A. Limbrunner, Dachau: Abb. Seite 2, 6, 95.
Bildarchiv SILVESTRIS: S. 105.
SILVESTRIS/Maywald: Abb. Seite 28, 43, 102.
SILVESTRIS/Mammifrance: Abb. Seite 82.

SILVESTRIS/Nill: Abb. Seite 13, 86.
B. Pott, Hannover: Abb. Seite 21, 39 (r), 58, 65, 66, 68, 69, 75, 107, 111.
Alle anderen Fotos von Armin Maywald, Bremen.

Register

Seitenzahlen mit Sternchen * verweisen auf Abbildungen.